나도 이제 디자이너

with 망고보드

이 책의 구성

Part 01
AI · 망고보드 따라하기

다양한 종류의 템플릿을 편집하면서 망고보드의 기능을 살펴봅니다. 망고보드에서 제공하는 인공지능 도구를 활용해 각 챕터에 필요한 소스를 직접 만들거나, 원하는 형태의 이미지로 편집할 수 있어요.

Part 02
원하는 콘텐츠 제작하기

해당 파트에서는 밸런스 게임, 밈 만들기 등 여러 가지 주제를 제시합니다. PART 01에서 배운 망고보드 기능을 활용하여 개성 넘치는 나만의 디자인을 완성해 보세요.

Part 03
내 맘대로 굿즈 만들기

망고보드에서 제공하는 인쇄 템플릿을 이용해 세로 배너, 종이컵, 연하장, 판스티커 총 4개의 작품을 만들어 봅니다. 작업한 결과물은 실제 상품으로 주문할 수도 있어요!

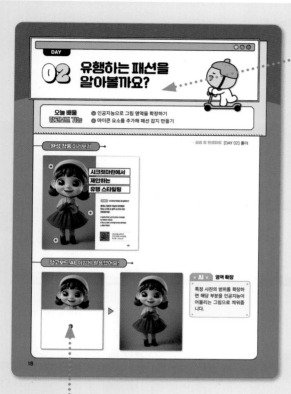

학습 내용과 완성 작품을 미리 확인해요.

망고보드의 다양한 기능을 학습하면서 멋진 디자인을 만들어요.

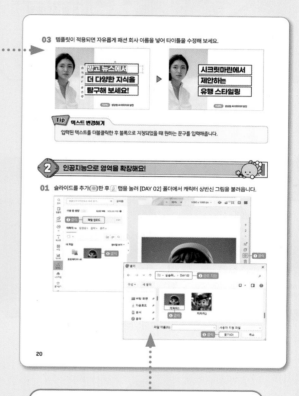

오늘 활용할 인공지능 도구를 살펴보아요.

인공지능으로 디자인에 필요한 소스를 제작해요.

배운 기능을 토대로 연습 문제를 스스로 해결해요.

목차 CONTENTS

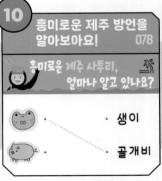

누구나 디자이너가 된다
망고보드 소개하기!

◇ 망고보드란 무엇일까?

망고보드는 복잡한 프로그램 없이도 멋진 디자인을 쉽게 만들 수 있도록 도와주는 온라인 디자인 플랫폼입니다. 망고보드를 활용하면 포스터, 프레젠테이션, SNS 콘텐츠 등 다양한 형태의 디자인을 간편하게 제작할 수 있습니다.

◇ 다양한 자료와 템플릿을 제공

망고보드는 여러 가지 템플릿과 이미지, 아이콘 등을 제공하고 있어요. 원하는 스타일을 선택하고, 텍스트를 수정하는 것만으로도 감각적인 디자인이 완성됩니다.

◇ 간편한 사용 방법

디자인 경험이 없어도 걱정하지 마세요! 망고보드는 사용하기 쉬운 인터페이스를 가지고 있어 초보 이용자도 쉽고 빠르게 익힐 수 있습니다.

◇ 인공지능을 디자인에 활용하기

망고보드에 포함된 인공지능(AI) 서비스로 더 풍부한 디자인을 만들어 보세요. 직접 명령어를 입력해 새로운 AI 이미지를 생성하거나, 배경 제거, 화질 개선, 문서 추출, 얼굴 교체 등 다양한 사진 편집 작업을 수행할 수 있습니다. 망고보드의 AI 기능을 통해 여러분의 디자인이 한층 더 특별해질 것입니다.

◇ 망고보드 시작하기

이제 망고보드를 이용해 멋진 디자인을 만들어보세요. 나만의 창의적인 아이디어가 디자인 결과물로 완성되는 과정을 즐길 수 있을 거예요!

◈ 망고보드 개인 회원 가입하기

❶ 망고보드(https://www.mangoboard.net/)에 접속하여 우측 상단의 [회원가입]을 클릭합니다.

❷ 'SNS 계정 간편 회원가입' 메뉴를 이용하면 구글, 네이버, 카카오 계정과 연동하여 망고보드(망고툰)에 가입할 수 있습니다.

◈ 학생 계정 일괄 신청하기

❶ 방선모 카페를 통해 [망고보드_망고툰_학생 계정 신청.xlsx] 파일을 다운로드 받은 후 필요한 내용을 작성합니다.

❷ 작성된 파일을 marinebook@naver.com으로 전송해 학생 계정 신청이 가능합니다.
신청된 계정은 주말 제외하고 평균 3일 정도 이후 메일로 받아보실 수 있습니다.

양식 다운로드 & 작성 방법 ▶

PART 01

AI·망고보드 따라하기

01 중고나라에서 물품 거래하기!

오늘 배울 망고보드 기능
◎ 인공지능으로 운동화 이미지를 바꿔보기
◎ 템플릿을 편집하여 홍보 페이지 완성하기

· 실습 및 완성파일 [DAY 01] 폴더

완성 작품 미리보기

마린이네 중고나라
최상급상품 신발득템
실속있는 소비를 지향한다

망고보드 AI, 이렇게 활용했어요!

2. 바꿀 내용 입력하기

노란색 런닝화

7/30

★ AI ★ 개체 교체

선택된 부분을 새로운 개체로 변경하는 인공지능이에요. '갈색 구두', '꽃무늬 신발' 등 입력된 키워드에 맞추어 개체 변경이 가능하답니다.

사용할 템플릿을 적용해요!

01 망고보드에 로그인하여 [빈 슬라이드]를 생성합니다.

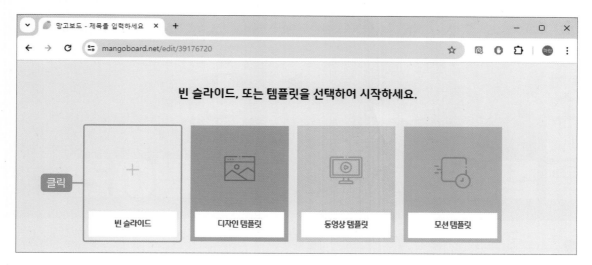

02 키워드를 검색한 후 필요한 템플릿을 선택합니다.

🎲 템플릿   #체리슈머

Q&A 템플릿이 뭐예요?

특정한 디자인을 만들기 위해 미리 작업된 틀을 '템플릿'이라고 해요. 다양한 주제/형태의 템플릿이 제공되는 망고보드를 활용한다면 누구나 쉽고 빠르게 멋진 디자인을 완성할 수 있답니다.

03 템플릿이 적용되면 Delete 를 눌러 불필요한 개체를 삭제합니다.

Tip **개체 삭제하기**

불필요한 개체를 선택한 다음 Delete 를 누르면 슬라이드에서 제거할 수 있습니다.

2 폰트를 바꾸고 내용을 수정해요!

01 워터마크가 표시되는 유료 폰트를 무료 폰트로 바꿔보도록 할게요.

02 Shift 를 누른 채 '체리슈머를'과 '잡아라' 글상자를 각각 선택한 다음 현재 적용된 폰트를 선택합니다.

03 저작권-제약 없는 폰트만 옵션을 활성화한 다음 '지마켓 산스 M'을 찾아보세요.

Tip **폰트 선택하기**

망고보드에서는 다양한 폰트가 제공되고 있습니다. 다만 유료 폰트는 워트마크가 표시되기 때문에 무료 폰트로 변경해 사용하는 것이 좋아요.

04 이번에는 입력된 내용을 수정해 보도록 하겠습니다. 아래 그림을 참고해 작업해 보세요.

01 탭을 눌러 [DAY 01] 폴더에서 운동화 이미지를 불러옵니다.

02 파일 목록에 표시된 운동화 이미지를 클릭해 슬라이드에 추가합니다.

4 인공지능으로 운동화를 다른 신발로 바꿔요!

01 AI 사진 편집에서 개체 교체(🔄) 아이콘을 선택합니다.

Tip **AI 사진 편집 이용 제한 안내**

망고보드 무료 이용자를 기준으로 개체 교체 인공지능 기능은 하루에 3회까지만 사용이 가능합니다.

02 운동화 영역을 드래그한 후 바꿀 내용을 입력해 <교체하기>를 진행해 주세요.

Tip **영역 지정 시 유의해요!**

브러시 크기를 '80' 정도로 바꾼 다음 약간의 여유 면적을 둔 상태로 드래그합니다. 만약 영역 지정이 잘못되었을 경우 해제를 이용해 선택 영역을 수정할 수 있습니다.

03 변경된 신발을 확인 후 슬라이드로 돌아갑니다.

04 신발 이미지를 선택한 후 아이콘을 눌러 맨 뒤쪽으로 보냅니다. 그 다음 개체들의 크기와 위치를 조절해 보세요.

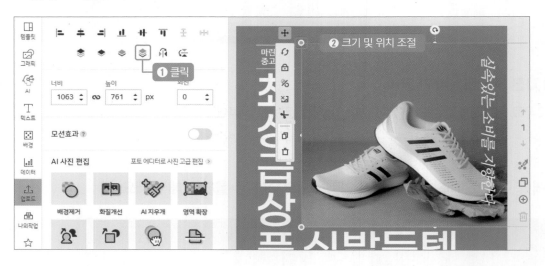

05 작품을 저장(Ctrl+S)한 다음 다운로드 합니다.

01 템플릿 추가하기

🎲 **템플릿** #보양음식 #장어

02 불필요한 개체 삭제하기

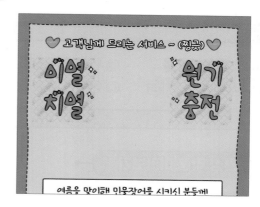

03 [DAY 01] 폴더에서 물품 이미지 업로드

> **Tip** 요소 배치 순서
>
> ① 원하는 중고 물품을 추가합니다.
> ② ⬓ 아이콘을 눌러 맨 뒤로 보내주세요.
> ③ 그림이 슬라이드에서 사라지면, 노란색 사각형 요소를 선택 후 ⬓ 아이콘을 눌러 배치 순서를 맞춰줍니다.

04 자유롭게 텍스트 수정하기

05 무료 폰트로 변경 후 개체 재배치

DAY

유행하는 패션을 알아볼까요?

오늘 배울 망고보드 기능

◎ 인공지능으로 그림 영역을 확장하기
◎ 아이콘 요소를 추가해 패션 잡지 만들기

· **실습 및 완성파일** [DAY 02] 폴더

완성 작품 미리보기

시크릿마린에서
제안하는
유행 스타일링

TOPIC 2045년 트렌드룩 살펴보기

올해는 옐로우 색상의 아이템과
데님 스커트 & 블랙 슈즈의 조합
대유행 예정

둥글 납작한 노란색 모자는 귀여움을
업그레이드 해줘요!
데님 소재의 스커트를 매치해 캐주얼한
느낌을 더해요!

QR코드를 스캔하면
더욱 다양한 스타일링을
확인할 수 있습니다.

05

망고보드 AI, 이렇게 활용했어요!

?

▷

★ **AI** ★ **영역 확장**

특정 사진의 범위를 확장하
면 해당 부분을 인공지능이
어울리는 그림으로 채워줍
니다.

사용할 템플릿을 적용해요!

01 망고보드에 로그인하여 [빈 슬라이드]를 생성합니다.

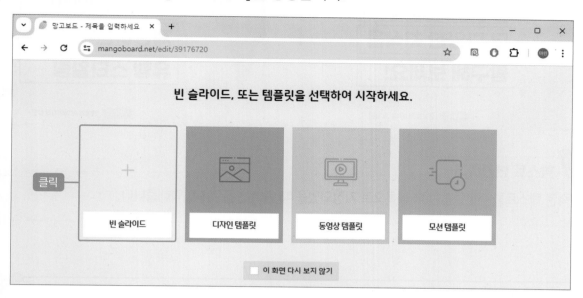

02 키워드를 검색한 후 필요한 템플릿을 선택합니다.

🎲 템플릿 #패션잡지 #인공지능

03 템플릿이 적용되면 자유롭게 패션 회사 이름을 넣어 타이틀을 수정해 보세요.

> **Tip** 텍스트 변경하기
>
> 입력된 텍스트를 더블클릭한 후 블록으로 지정되었을 때 원하는 문구를 입력해줍니다.

2 인공지능으로 영역을 확장해요!

01 슬라이드를 추가(⊕)한 후 🔼 탭을 눌러 [DAY 02] 폴더에서 캐릭터 상반신 그림을 불러옵니다.

02 캐릭터 그림의 크기와 위치를 조절한 후 AI 사진 편집에서 영역 확장(▦) 아이콘을 클릭합니다.

Tip **크기&위치 조절**

캐릭터의 몸통 영역이 확장될 수 있도록 적당한 크기와 위치로 맞춰줍니다.

03 다음과 같이 영역 확장을 진행합니다.

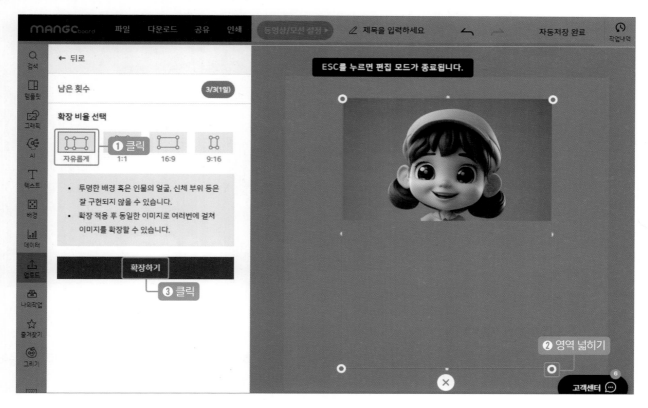

오늘 사용할 캐릭터의 원본 모습은 아래와 같아요. 캐릭터의 머리와 몸통 비율은 1:1 또는 1:2 정도로 지정하는 것이 좋습니다.

04 원하는 결과물이 표시되면 <적용하기>를 클릭해 주세요.

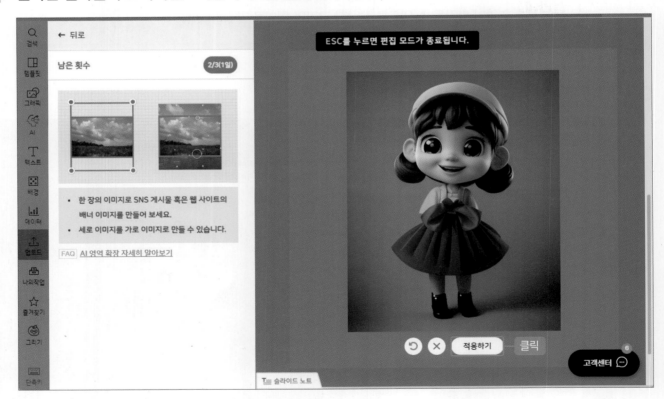

Tip **남은 횟수 확인하기**

망고보드 무료 이용자를 기준으로 영역 확장 인공지능 기능은 하루에 3회까지만 사용이 가능합니다. 마음에 들지 않는 결과 이미지가 표시되었다면, 똑같은 방법으로 다시 영역을 확장해 보세요.

③ 캐릭터 그림을 활용해 패션 잡지를 완성해요!

01 [슬라이드2]에 작업된 그림을 잘라내기 후 [슬라이드1]에 붙여넣습니다.

Tip **잘라내기와 붙여넣기 단축키**

- 잘라내기 : Ctrl + X
- 붙여넣기 : Ctrl + V

02 캐릭터 그림을 왼쪽 사각 프레임 쪽으로 드래그해 교체해줍니다.

03 생성된 이미지를 참고해 패션 잡지 내용을 재미있게 바꿔보세요.

04 키워드를 검색한 후 원하는 아이콘을 패션 아이템 주변에 배치해 잡지를 완성합니다.

🎲 **요소** #더하기 #플러스

Tip **유료/무료 이미지 구분하기**

Ⓦ 아이콘이 붙은 이미지는 유료 요소로 제공되는 것들이에요. 무료 이용자 기준, 유료 요소를 슬라이드에 넣으면 작게 워터마크가 표시됩니다.

05 완성된 작품을 저장(Ctrl+S)한 다음 다운로드 합니다.

나도 디자이너

01 키워드를 검색한 후 필요한 템플릿 찾아 적용하기

템플릿   #셀럽 #패션트렌드 #2022 #남성 #시니어

02 [DAY 02] 폴더에서 원하는 이미지를 업로드해 오른쪽 이미지 대체 후 내용 변경하기

Tip **폰트 모양을 변경하기**

유료 폰트가 사용될 경우 워터마크가 표시됩니다. 다양한 무료 글꼴에서 원하는 모양을 적용해 보세요.

DAY

03 쪼물쪼물 디자인하는 위클리 플래너

오늘 배울 망고보드 기능
◎ 인공지능으로 그림 화질을 개선하기
◎ 표가 삽입된 템플릿을 활용해 만년 플래너 만들기

· 실습 및 완성파일 [DAY 03] 폴더

완성 작품 미리보기

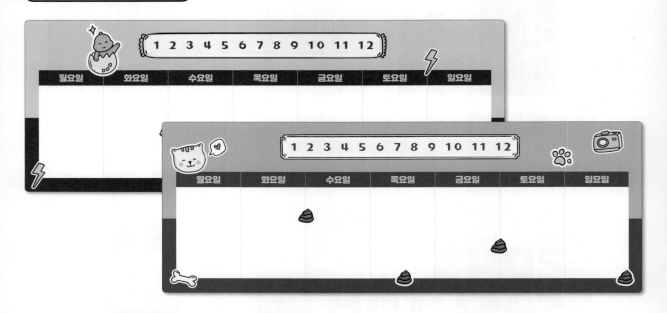

망고보드 AI, 이렇게 활용했어요!

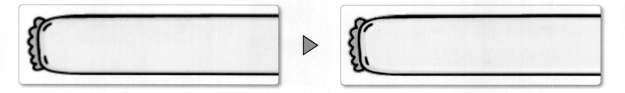

★ AI ★ 화질개선

인공지능을 활용하여 작고 해상도가 떨어지는 이미지를 깨짐 없이 확대할 수 있습니다.

사용할 템플릿을 적용하고 표를 편집해요!

01 망고보드에 로그인하여 [빈 슬라이드]를 생성합니다.

02 키워드를 검색한 후 필요한 템플릿을 선택합니다.

🎲 **템플릿** #위클리플래너 #날씨 #양 #동물

03 `Delete`를 눌러 템플릿에서 불필요한 개체를 삭제하고 텍스트를 수정해 주세요.

입력 **1 2 3 4 5 6 7 8 9 10 11 12**

월요일	화요일	수요일	목요일	금요일	

Tip **숫자는 이렇게 입력했어요!**

상단 1월~12월달 숫자는 `Space Bar`를 눌러 한 칸씩 띄어서 입력했습니다.

04 표 안쪽을 더블클릭한 후 편집상태가 되면 마지막 열을 블록으로 지정해 세로로 나눠줍니다.

05 이번에는 모든 셀을 선택해 [크기 같게]-[너비 같게]를 적용하고 요일을 입력합니다.

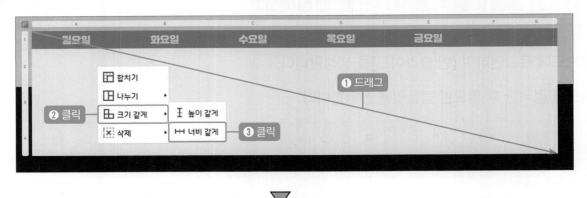

> **Tip** **작업 시 유의사항**
>
> 표를 더블클릭해 편집 상태가 되었을 때만 셀을 선택할 수 있어요.

2 플래너의 색상과 폰트를 변경해 보세요!

01 노란 바탕 부분을 선택한 다음 배경 색상을 바꿔봅니다.

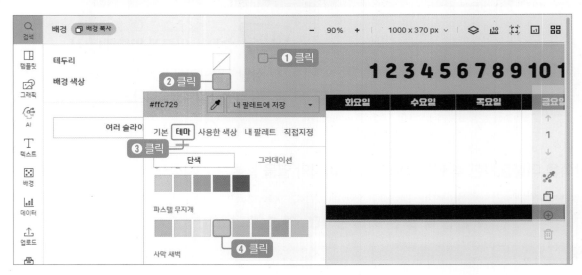

> **Tip** **색상 선택하기**
>
> 망고보드에서는 다양한 색상 팔레트를 제공하고 있어요. 책에서는 [테마]-'파스텔 무지개'에서 색상을 골라 보도록 하겠습니다.

02 아래 방법에 따라 짙은 갈색 개체(숫자, 셀, 사각 도형)의 색상도 변경해 보세요.

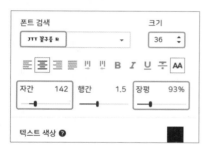

Tip 같은 색상 모두 변경

망고보드에 있는 편리한 기능 중 하나로, 같은 색상의 개체를 클릭 한 번으로 손쉽게 변경할 수 있습니다.

03 상단에 입력된 월 숫자의 폰트, 크기, 자간, 장평을 변경합니다.

3 인공지능으로 이미지의 화질을 개선해요!

01 📤 탭을 눌러 [DAY 03] 폴더에서 꾸미기막대 이미지를 슬라이드로 불러옵니다.

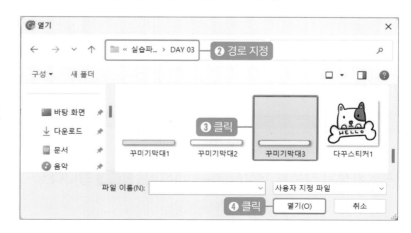

02 이미지를 슬라이드에 추가한 후 AI 사진 편집에서 화질개선( ) 아이콘을 선택합니다.

03 [깨짐 없이 사진 확대] 메뉴를 이용해 '4배'를 선택해 사진을 확대합니다.

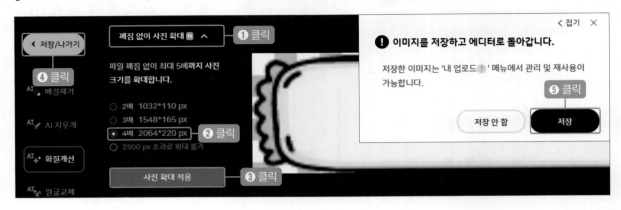

04 슬라이드에 이미지를 배치한 후 [DAY 03] 폴더의 이미지로 플래너를 꾸며봅니다.

05 슬라이드를 복사한 다음 새로운 스타일로 수정해 보세요.

06 완성된 작품을 저장(Ctrl + S)한 다음 다운로드 합니다.

나도 디자이너

01 키워드를 입력해 템플릿을 추가하기

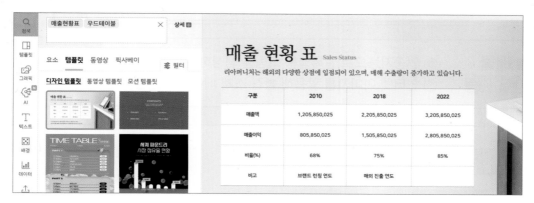

🎲 **템플릿** #매출현황표 #우드테이블

02 [DAY 03] 폴더에서 원하는 이미지를 업로드해 배경 대체 후 표 편집하기

Tip 셀 삭제하기

표의 마지막 가로 줄의 셀들을 블록으로 지정한 다음 [삭제]-[행 삭제]를 클릭해 지울 수 있습니다.

유명 베이커리 맛집 투어

오늘 배울
망고보드 기능

◎ 인공지능으로 알록달록 그림을 생성하기
◎ 인터넷 이미지를 활용해 빵집 소개 페이지를 완성하기

· 실습 및 완성파일 [DAY 04] 폴더

완성 작품 미리보기

빵터진 맛집
--- 전국 맛집 베이커리 ---

성심당 망고시루
이성당 단팥빵
도레도레 무지개케잌
노티드 도넛

망고보드 AI, 이렇게 활용했어요!

남은 횟수   0/5 (1일)

🍰 디저트사진

이미지 묘사
알록달록한 케이크

9/50

★ AI ★   이미지 생성

인공지능을 활용하면 입력한 키워드에 맞추어 원하는 스타일의 이미지를 생성할 수 있습니다.

1 사용할 템플릿을 적용하고 폰트를 변경해요!

01 망고보드에 로그인하여 [빈 슬라이드]를 생성합니다.

02 키워드를 검색한 후 필요한 템플릿을 선택합니다.

🎲 템플릿   #토스트 #레시피 #베이커리

Q&A 이 디자인 템플릿은 과연 몇 장일까?

망고보드에서는 단일 슬라이드 및 여러 장의 슬라이드 형태로 디자인 템플릿을 제공하고 있어요. 이 부분을 고려해 원하는 디자인에 적합한 템플릿을 찾아보세요.

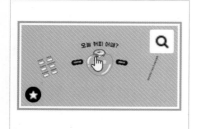

▲ 단일 슬라이드 템플릿   ▲ 여러 개의 슬라이드 템플릿

03 아래 방법에 따라 텍스트를 수정해 봅니다.

▲ 더블클릭하여 블록 지정　　▲ 문구 입력 후 [Esc]　　▲ 글상자 크기 및 위치 조절

▲ 텍스트 복사&붙여넣기　　▲ 문구 수정 후 위치 맞추기　　▲ 하단 문구 수정

04 [Shift]를 누른 채 '빵터진'과 '맛집' 텍스트를 각각 선택한 후 무료 폰트로 변경해 보세요.

05 똑같은 방법으로 유료 폰트가 적용된 텍스트를 무료 폰트로 자유롭게 변경합니다.

Q&A <u>**무료 폰트로 변경, 왜 해야 하나요?**</u>

유료 폰트 또는 이미지 등이 적용되었을 때 해당 요소 주변에 워터마크가 표시됩니다. 무료로 제공되는 요소만으로도 감각적인 디자인을 만들 수 있으니 작업에 참고해주세요.

2 인공지능으로 그림을 생성해요!

01 탭을 클릭해 [AI 이미지 만들기]에서 디저트사진을 선택합니다.

02 이미지 묘사 창에 '알록달록한 케이크'를 검색해 옵션을 변경한 후 <이미지 만들기>를 클릭합니다.

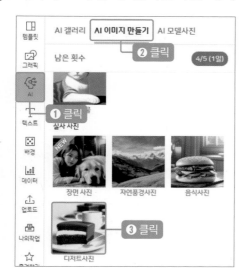

03 인공지능으로 생성된 그림 중 원하는 것을 선택해 슬라이드에 추가합니다.

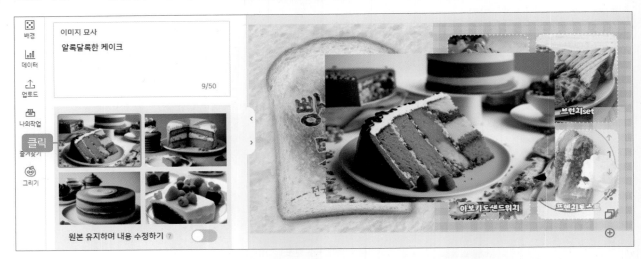

Tip **망고보드 AI 이미지 만들기**

AI 이미지 만들기는 망고보드 무료 이용자 기준 5회 생성이 가능합니다. 만약 마음에 드는 그림이 없다면 이미지 묘사의 키워드를 변경하고 <다시 만들기> 단추를 클릭해 새로운 결과물을 확인해 보세요.

04 그림을 식빵 뒤쪽으로 천천히 드래그해 아래 그림과 같이 표시되면 마우스를 떼줍니다.

Tip **작업 시 유의해요!**

만약 그림이 글자 안으로 들어갔다면 Ctrl + Z를 눌러 작업 전으로 되돌린 후 왼쪽 사각 프레임 주변으로 드래그해봅니다.

3 **검색을 통해 그림을 불러와 프레임에 추가해요!**

01 크롬 브라우저를 통해 '네이버'에 접속 후 '성심당 망고시루'를 검색해 보세요.

02 원하는 이미지 위에서 마우스 오른쪽 버튼을 눌러 [이미지 복사]를 클릭합니다.

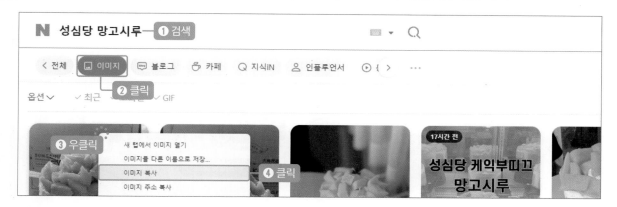

03 망고보드 작업 화면으로 돌아와 Ctrl+V를 눌러 그림을 첫 번째 프레임에 삽입합니다.

04 텍스트를 '성심당 망고시루'로 변경한 후 나머지 그림도 작업해보세요.

05 완성된 작품을 저장(Ctrl+S)한 다음 다운로드 합니다.

나도 디자이너

01 키워드를 입력해 템플릿을 추가한 후 원하는 무료 폰트로 변경하기

🎲 템플릿 #침낭 #겨울 #포스트잇

02 [DAY 04] 폴더에서 디저트 이미지 업로드

03 알맞은 문구로 수정

DAY

05 게임 속 귀여운 나만의 캐릭터!

오늘 배울 망고보드 기능
◎ 인공지능으로 배경 이미지 생성하기
◎ 템플릿을 활용해 게임 속 캐릭터처럼 배치하기

· 실습 및 완성파일 [DAY 05] 폴더

완성 작품 미리보기

캐릭터 소개

이름	아크에이지
담당 반	웃을 때 사라지는 눈
과목	잘난척을 많이 함
MBTI	ENTP
별명	성격 파탄 야옹이

여기가 어딘지 궁금하니?
하지만 나는 가르쳐 줄 생각이 없단다ㅋㅋㅋ

망고보드 AI, 이렇게 활용했어요!

남은 횟수　　5/5 (1일)

🔵 동화 일러스트　　▼

이미지 묘사
사람이 없는 rpg 게임 배경

16/50

▶

★ AI ★　이미지 생성

인공지능을 활용하면 입력한 키워드에 맞추어 원하는 스타일의 이미지를 생성할 수 있습니다.

1 필요한 템플릿을 적용해요!

01 망고보드에 로그인하여 [빈 슬라이드]를 생성합니다.

02 키워드를 검색한 후 아래와 같은 템플릿에서 필요한 페이지를 선택해 불러옵니다. 이어서, ⊕ 아이콘을 눌러 슬라이드를 추가합니다.

🎲 **템플릿** #학교 #게임 #3D #동물

03 두 번째 슬라이드에는 학교 정문 이미지가 있는 디자인을 선택해 주세요.

귀여운 캐릭터를 만들어요!

01  아이콘을 클릭해 빈 슬라이드를 추가합니다.

02 캐릭터를 만들기 위해 🔼 탭 - [DAY 05] 폴더에서 몸통, 머리, 얼굴 모양을 각각 불러옵니다.

Tip **순차적으로 이미지를 추가해요!**

뒤쪽에 배치되는 순서에 맞추어 몸통-머리-얼굴 순서로 슬라이드에 삽입합니다. 원하는 이미지가 아니라면, Delete 를 눌러 삭제하고 다른 이미지를 추가해 보세요.

03 키워드로 종이인형과 관련된 그림을 검색한 다음 [같은 스타일 한 눈에 보기]를 눌러 비슷한 이미지들을 확인해 보세요.

🎲 **요소(아이콘)** #종이인형

04 표시된 이미지를 활용해 개성있는 캐릭터를 완성한 다음 그룹으로 지정합니다.

Q&A <u>그림의 배치 순서가 마음에 들지 않아요!</u>

특정 개체가 선택된 상태에서 Ctrl + Shift + [를 누르면 맨 뒤로 보낼 수 있고, Ctrl + Shift +] 를 누르면 맨 앞으로 가져올 수 있어요.

3 각 슬라이드에 캐릭터를 추가하고 편집해요!

01 [슬라이드1]에서 불필요한 개체를 삭제합니다.

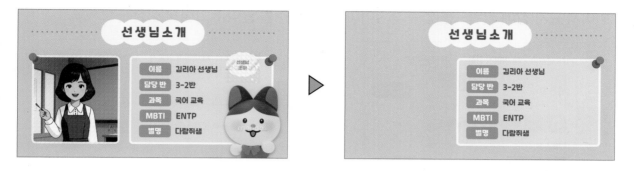

02 [슬라이드3]에서 작업한 캐릭터를 [슬라이드1]에 배치 후 텍스트를 변경해 보세요.

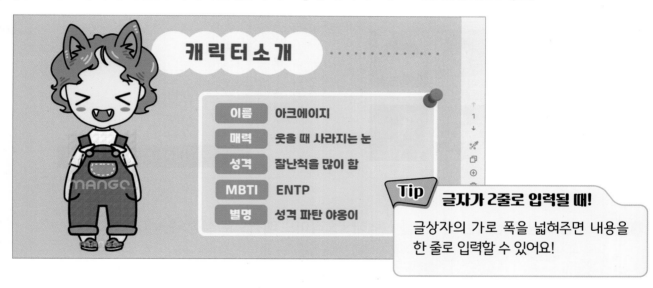

Tip 글자가 2줄로 입력될 때!
글상자의 가로 폭을 넓혀주면 내용을 한 줄로 입력할 수 있어요!

03 캐릭터를 [슬라이드2]에도 배치한 다음 자유롭게 편집해보세요.

Tip 내용 입력하기
캐릭터의 특징이 드러날 수 있도록 내용을 적어보세요.

4 인공지능으로 멋진 배경을 생성해요!

01 탭을 클릭해 [AI 이미지 만들기]에서 동화 일러스트를 선택합니다.

02 이미지 묘사 창에 키워드를 입력 후 <이미지 만들기>를 클릭해 그림을 생성해 보세요.

03 표시된 그림 중 원하는 이미지를 선택해 <슬라이드 배경으로 설정>합니다.

04 완성된 작품을 저장(Ctrl+S)한 다음 다운로드 합니다.

나도 디자이너

01 템플릿 추가하기

🎲 **템플릿** #수능응원 #치얼업 #핑크

02 새 슬라이드 추가해 캐릭터 만들기

03 아이콘을 활용해 캐릭터 꾸미기

🎲 **요소(아이콘)** #종이인형

04 완성된 캐릭터를 그룹으로 지정하기

05 캐릭터 추가 후 그룹으로 지정하기

06 [슬라이드1]을 자유롭게 편집하기

DAY 06 키치한 에코백을 디자인해요

오늘 배울 망고보드 기능
◎ 인공지능으로 그림 배경을 지우기
◎ 다양한 아이콘 그림을 배치하여 소품 디자인하기

· 실습 및 완성파일 [DAY 06] 폴더

완성 작품 미리보기

망고보드 AI, 이렇게 활용했어요!

★ AI ★ 배경제거

특정 이미지의 배경을 자동으로 제거해 투명하게 바꿔주는 인공지능입니다.

인공지능으로 그림의 배경을 제거해요!

01 망고보드에 로그인하여 [빈 슬라이드]를 생성합니다.

02 탭을 눌러 [DAY 06] 폴더에서 캐릭터 에코백 이미지를 불러옵니다.

03 에코백 이미지가 선택된 상태에서 AI 사진 편집-배경제거(⚬) 아이콘을 클릭합니다.

04 <배경 제거 실행>을 클릭해 파란색 배경을 투명하게 만들 수 있습니다.

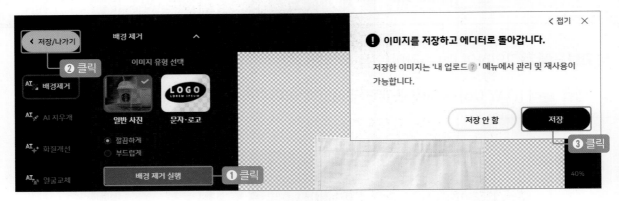

05 잠시 후 사용할 에코백은 [Delete]를 눌러 슬라이드에서 지워줍니다.

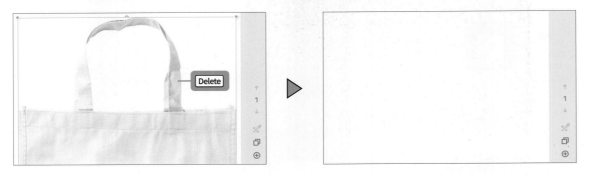

2 템플릿을 추가한 후 필요한 개체만 남겨요!

01 키워드를 검색한 후 필요한 템플릿을 선택합니다.

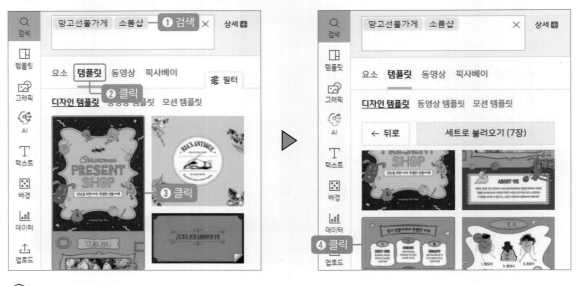

🎲 템플릿   #망고선물가게 #소품샵

02 세로로 긴 형태의 슬라이드가 생성된 것을 확인합니다.

Tip **슬라이드 비율이 맞지 않아요!**

만약 정사각 비율로 템플릿이 불러와졌다면 슬라이드 주변에 표시된 <원본 크기대로 불러오기>를 클릭합니다.

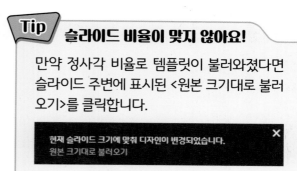

03 사용하지 않는 이미지는 Delete 를 눌러 삭제해 줍니다.

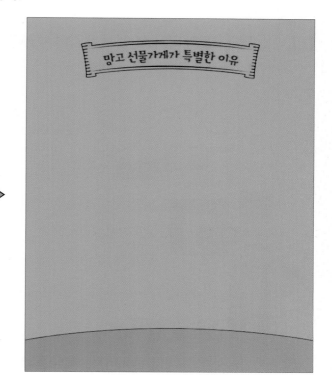

04 입력된 텍스트를 블록으로 지정한 후 내용을 수정하고, 폰트와 크기를 자유롭게 바꿔봅니다.

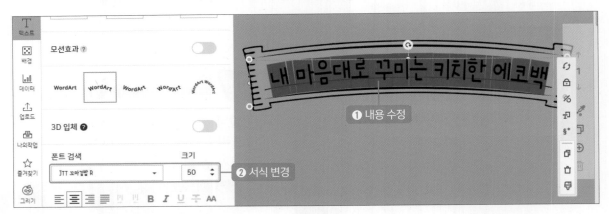

3 에코백을 추가해 예쁘게 꾸며보세요!

01 🔼 탭-[포토에디터·AI]에서 배경이 투명한 에코백 이미지를 선택합니다.

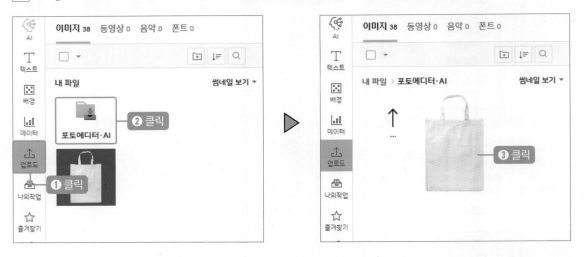

02 에코백을 선택한 후 🗇 아이콘을 눌러 맨 뒤쪽으로 보냅니다. 똑같은 방법으로 하단의 핑크색 바를 에코백 뒤로 보내주세요.

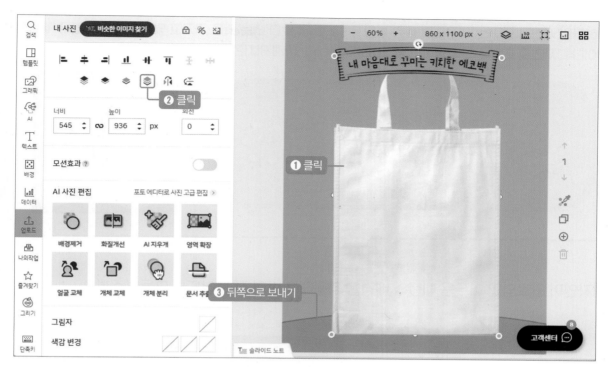

Tip **그림 배치 관련 단축키**
• 맨 뒤로(가장 아래로) : Ctrl + Shift + [• 맨 앞으로(가장 위로) : Ctrl + Shift +]

03 키워드를 검색해 무료 이미지로 키치한 스타일의 에코백을 꾸며줍니다.

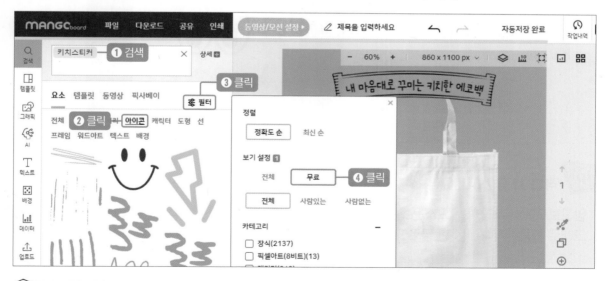

🎲 **요소(아이콘)** #키치스티커 #알파벳 #입술 #선그림 #손그림장식 #음표 #장식요소

Q&A 키치한 디자인이 뭐예요?

키치하다의 사전적 의미는 '미적으로 품위가 없고 퀄리티가 낮다'라는 뜻을 가지고 있지만, 익살스럽고 개성적인 패션이나 디자인을 표현할 때 사용하는 용어이기도 합니다. 아래 키치한 디자인을 참고해 보세요!

04 디자인이 완료되면 어두운 패턴의 배경을 적용해 가방이 잘 보이도록 만들어주세요.

Tip 작업 시 유의하세요!

망고보드에서 제공하는 요소는 업데이트로 인해 유료로 변경될 수 있습니다. 워터마크가 표시된 그림을 그대로 사용하거나, 비슷한 무료 그림으로 대체해 개성있는 작품을 만들어 보세요.

05 완성된 작품을 저장(Ctrl+S)한 다음 다운로드 합니다.

나도 디자이너

01 템플릿 추가하기

🎲 템플릿 　#세일 #남자 #다짐 #집중

02 폰트 변경 및 내용 수정

03 [DAY 06] 폴더에서 이미지 업로드

04 아이콘 키워드를 입력해 주변 꾸미기

🎲 요소(아이콘) 　#망고화폐 #그림일기

Tip 유료 요소를 확인해요!

유료 회원 전용 폰트 또는 이미지가 들어있다면 워터마크가 표시됩니다. 무료 요소를 찾아 개성 넘치는 디자인을 만들어 보세요!

DAY

07 나도 이제 사장님! 멋진 명함 만들기

오늘 배울 망고보드 기능
◎ 인공지능으로 필요한 아이콘을 생성하기
◎ 배경에 질감을 적용해 명함 완성하기

· 실습 및 완성파일 [DAY 07] 폴더

완성 작품 미리보기

마린**봄**플라워

마린**봄**플라워

김 마 린
플로리스트

M 010-1004-1004
E marinebooks@gmail.com
A 경기도 부천시 마린구 마린북스로
    53-1004

망고보드 AI, 이렇게 활용했어요!

남은 횟수   5/5 (1일)

🌀 라인아이콘   ▼

이미지 묘사
꽃다발

3/50

▶

▶

★ AI ★ **이미지 생성, 배경제거**

인공지능을 활용해 입력한 키워드에 맞추어 이미지를 생성한 후 배경을 손쉽게 제거하여 디자인에 활용할 수 있습니다.

1 명함 세트 템플릿을 적용해요!

01 망고보드에 로그인하여 [빈 슬라이드]를 생성합니다.

02 키워드를 검색해 필요한 템플릿을 선택한 후 <세트로 불러오기>를 클릭합니다.

🎲 **템플릿** #명함 #캐릭터 #스타트업 #심플

03 2개의 슬라이드에 각각 템플릿이 적용된 것을 확인하고, '인쇄 안내선'의 체크를 해제합니다.

01 [슬라이드1]에서 불필요한 개체들을 삭제한 후 원하는 브랜드 이름을 입력해보세요.

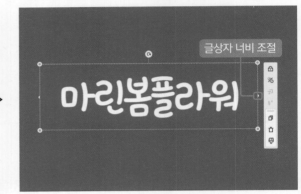

02 입력된 이름을 선택한 후 폰트를 변경합니다.

03 텍스트에서 강조할 글자만 블록으로 지정하여 폰트와 크기를 변경해 보세요.

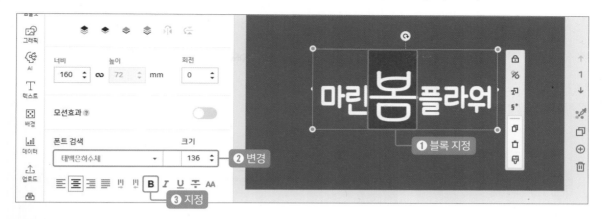

Tip 책에서는 이렇게 작업했어요!

'봄'이라는 글자를 블록으로 지정해 폰트와 크기를 변경한 후 변경한 후 '굵기'를 적용했습니다.

3 인공지능으로 꽃 그림을 생성해요!

01 🖼️ 탭을 클릭해 [AI 이미지 만들기]에서 라인아이콘을 선택합니다.

02 이미지 묘사 창에 필요한 그림의 키워드를 검색해 그림을 생성해 보세요.

03 표시된 아이콘 중 원하는 이미지를 클릭합니다. <다시 만들기> 단추를 누르면 새로운 이미지를 생성할 수 있어요.

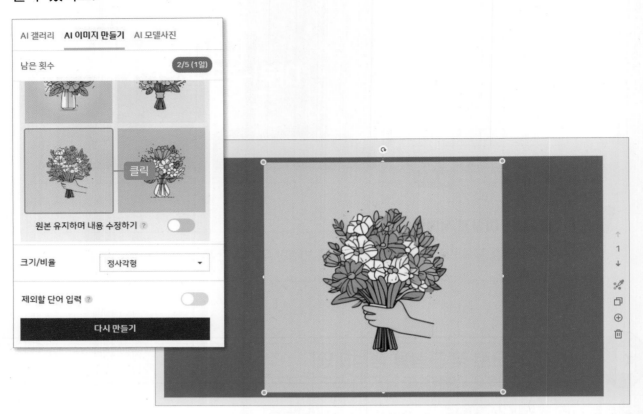

Q&A 원하는 이미지가 없어요!

망고보드 무료 이용자는 AI 이미지 만들기 기능을 하루에 5회까지 사용할 수 있어요. 제한 횟수를 생각하면서 필요한 이미지를 생성해 보세요. 생성된 이미지를 선택하면 슬라이드에 배치됨과 동시에 📤 탭에 자동으로 저장되니 참고해주세요.

04 투명한 배경으로 만들기 위해 AI 사진 편집에서 배경제거(🔘) 아이콘을 선택합니다.

05 배경 제거를 실행하여 그림 주변이 투명해진 것을 확인합니다.

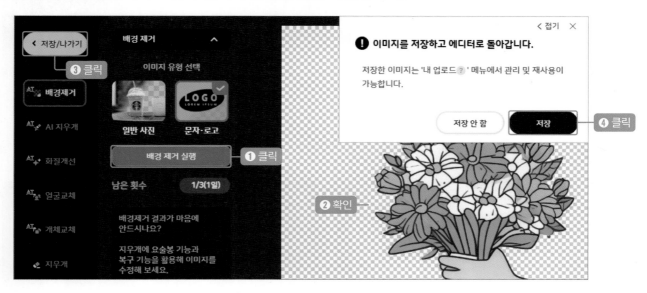

06 그림을 여러 각도로 배치해 명함 앞면을 자유롭게 꾸며보세요.

4 나만의 명함을 완성해요!

01 [슬라이드1]에서 키워드를 검색한 후 어두운 계열의 질감 배경을 선택합니다.

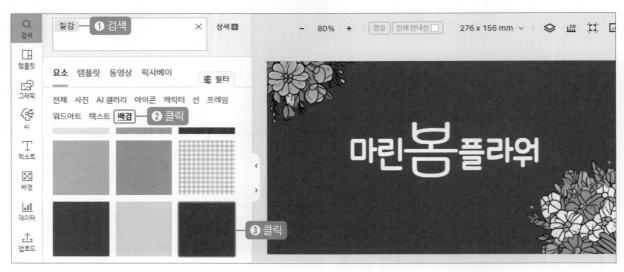

🎲 요소(배경) #질감

02 강조하고 싶은 글자를 블록으로 지정한 후 원하는 테마 색을 선택해 명함 앞면을 완성합니다.

03 [슬라이드2]에서 불필요한 개체를 삭제한 후 내용을 수정하고 크기와 위치를 조절해요.

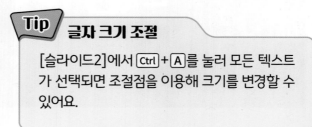

Tip **글자 크기 조절**

[슬라이드2]에서 Ctrl + A를 눌러 모든 텍스트가 선택되면 조절점을 이용해 크기를 변경할 수 있어요.

04 [슬라이드2]에서 키워드를 검색하여 원하는 질감 배경으로 변경합니다.

05 [슬라이드1]의 내용을 복사한 후 [슬라이드2]에 붙여넣고 어울리는 색상으로 바꿔보세요.

06 인공지능으로 만든 이미지를 활용해 명함 뒷면을 완성해 보세요.

07 완성된 작품을 저장([Ctrl]+[S])한 다음 [다운로드] 합니다.

나도 디자이너

01 템플릿 추가하기

🎲 템플릿 　 #성년의날 #화훼 #식물

02 배경 찾아 적용하기

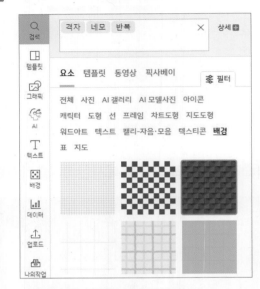

🎲 요소(배경) 　 #격자 #네모 #반복

03 입력된 텍스트와 폰트 변경한 후 꽃 이미지 찾아 대체하기

▶

🎲 요소(사진) 　 #꽃 #꽃다발 #감성

Tip 　 **나만의 디자인을 완성해 보세요!**

책에서는 본문과 동일하게 '꽃'을 주제로 내용과 이미지를 적용했습니다. 패션, 자동차, 게임, 아이돌 등 원하는 주제로 작업해 보세요.

DAY

08 얼룩을 활용해 아트를 완성해요!

**오늘 배울
망고보드 기능**
◎ 인공지능으로 필요한 그림 생성하기
◎ 그리기 도구로 얼룩 아트를 완성하기

· **실습 및 완성파일** [DAY 08] 폴더

완성 작품 미리보기

망고보드 AI, 이렇게 활용했어요!

남은 횟수	5/5 (1일)

🐱 웹툰-망고툰 ▼

이미지 묘사

베레모를 쓰고 물감 재료를 가지고
있는 고양이 화가

28/50

 ▶  ▶

★ AI ★   이미지 생성, 배경제거

인공지능을 활용해 입력한 키워드에 맞추어 이미지를 생성한 후 배경을 손쉽게 제거하여 디자인에 활용할 수 있습니다.

1 색상 옵션을 선택해 필요한 템플릿을 찾아요!

01 망고보드에 로그인하여 [빈 슬라이드]를 생성합니다.

02 키워드를 검색한 후 필터 기능을 활용해 아래와 같은 템플릿을 찾아줍니다.

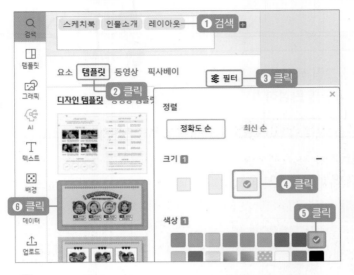

Tip 필터 지정하기

필터 기능을 이용하여 특정 옵션을 적용하면 표시된 템플릿 또는 요소 중 필요한 것만 확인할 수 있어요.

템플릿 #스케치북 #인물소개 #레이아웃

03 노트 모양의 요소를 선택해 노란색을 흰색으로 바꿔주세요.

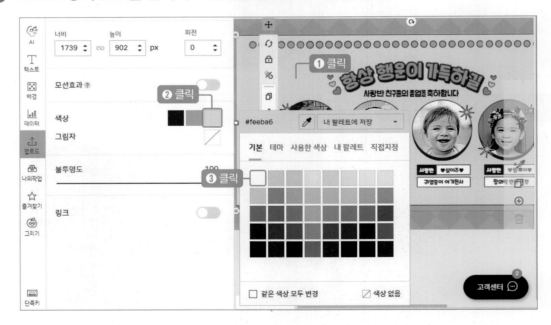

04 노트 모양의 요소를 선택한 다음 [Ctrl]+[2]를 눌러 움직이지 않도록 고정합니다.

05 이어서, [Delete]를 눌러 텍스트와 그림 요소들을 모두 삭제해 주세요.

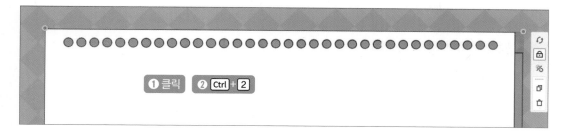

➊ 클릭   ➋ [Ctrl]+[2]

Tip 잠금과 잠금 해제

'잠금'은 슬라이드에서 개체가 선택되지 않도록 고정하는 기능이에요. 복잡한 작업을 하거나, 슬라이드 안에 개체가 다양할 경우 이 기능을 이용하면 편리합니다. [Ctrl]+[2]를 번갈아 누를 때 마다 '잠금/잠금 해제'가 가능해요.

2 그리기 도구를 이용해 그림을 그려요!

01 🔼 탭을 눌러 [DAY 08] 폴더에서 '얼룩3' 이미지를 불러와 슬라이드에 배치합니다.

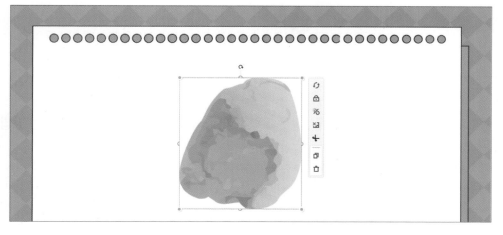

02 📋 탭을 눌러 펜 도구를 선택하고 옵션을 지정합니다.

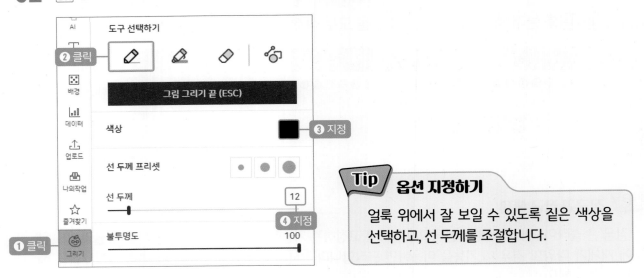

Tip **옵션 지정하기**

얼룩 위에서 잘 보일 수 있도록 짙은 색상을 선택하고, 선 두께를 조절합니다.

03 슬라이드 위에서 마우스 포인터가 🖊 모양으로 변경되면 아래 그림을 참고해 얼룩을 꾸며보세요.

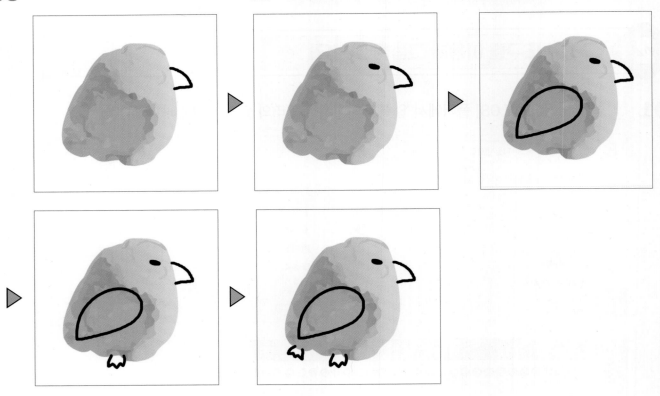

Tip **펜 지우기**

지우개(🖍) 도구를 이용해 선을 지울 수도 있지만, 잘못 그렸을 때 Ctrl+Z를 눌러 단계를 취소하는 방법이 가장 편리하답니다.

04 Esc를 눌러 펜 입력 상태를 종료한 다음 그림을 그룹으로 지정합니다.

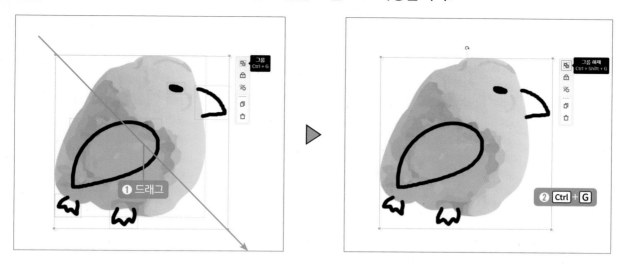

05 새의 크기와 위치를 적당하게 조절한 다음 아래 그림을 참고해 펜 도구로 얼룩 아트를 완성해요.

Tip 망고보드에서 제공되는 도형을 활용해요!

탭의 선과 도형 도구를 선택하면 다양한 모양이 준비되어 있습니다.

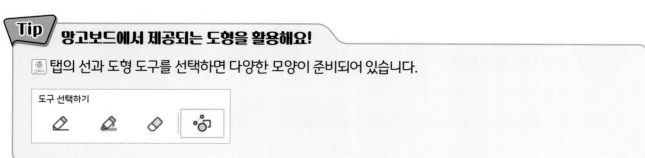

③ 인공지능으로 귀여운 캐릭터를 생성해요!

01 탭을 클릭해 [AI 이미지 만들기]에서 웹툰-망고툰을 선택합니다.

02 이미지 묘사 창에 키워드를 입력 후 <이미지 만들기>를 클릭해 그림을 생성해 보세요.

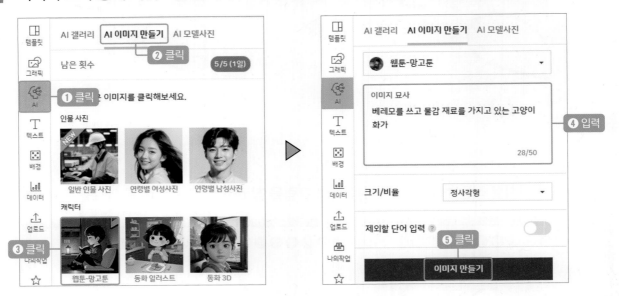

03 원하는 그림을 선택해 배치한 다음 AI 사진 편집에서 배경제거(◉)를 실행한 뒤 슬라이드에 알맞게 배치해 보세요.

> **Tip 인공지능 배경 제거**
> 47-48 페이지를 참고하여 작업해 보세요.

04 완성된 작품을 저장(Ctrl+S)한 다음 [다운로드] 합니다.

나도 디자이너

01 템플릿 추가 후 폰트 및 내용 수정

🎲 템플릿   #도서관 #사다리 #벽돌

02 [DAY 08] 폴더에서 이미지 업로드

03 그리기 도구로 색칠하기

04 자동차를 맨 앞으로 이동 후 꾸미기

Tip **자동차 맨 앞으로 가져오기**

자동차 프레임을 선택한 다음 Ctrl + Shift +] 를 눌러 맨 앞으로 가져올 수 있어요. 채색이 완료되면 그리기 도구를 활용해 자동차를 예쁘게 꾸며보세요.

DAY 09 줄임말 신조어, 어디까지 알고 있니?

오늘 배울 망고보드 기능
◎ 인공지능으로 인물의 얼굴 교체하기
◎ 다양한 신조어로 워드클라우드 만들어보기

· 실습 및 완성파일 [DAY 09] 폴더

완성 작품 미리보기

망고보드 AI, 이렇게 활용했어요!

 ▶  ▶

★ AI ★ 얼굴 교체, 배경제거

사진 속 인물을 새로운 얼굴로 교체하는 인공지능을 체험한 후, 배경을 제거하여 디자인에 활용해 봅니다.

1 필요한 템플릿을 적용해요!

01 망고보드에 로그인하여 [빈 슬라이드]를 생성합니다.

02 키워드를 검색해 아래와 같은 템플릿을 선택해 불러옵니다.

🎲 템플릿   #원형차트 #그래프 #칠판

03 Delete 를 눌러 불필요한 개체를 삭제합니다.

04 이번에는 텍스트를 제외한 요소들을 선택한 후 Ctrl + 2 를 눌러 슬라이드에 고정시켜 줍니다.

2 인공지능으로 인물의 얼굴을 바꿔요!

01 ⬆️ 탭을 눌러 [DAY 09] 폴더에서 사람 이미지를 불러와 슬라이드에 추가합니다.

02 AI 사진 편집에서 얼굴 교체(👤) 아이콘을 선택합니다.

03 얼굴 영역을 드래그한 후 외모를 선택하고 추가할 내용을 입력해 <교체하기>를 클릭합니다.

04 선택한 옵션에 따라 얼굴이 바뀐 것을 확인합니다.

Q&A 원하는 결과가 아니에요!

〈칠한 영역 불러오기〉를 클릭한 후 옵션을 변경하고 〈교체하기〉를 진행해 새로운 결과 이미지를 확인할 수 있어요. 단, '얼굴 교체' AI 기능은 무료 이용자 기준 하루 3번만 사용이 가능하니 유의하세요.

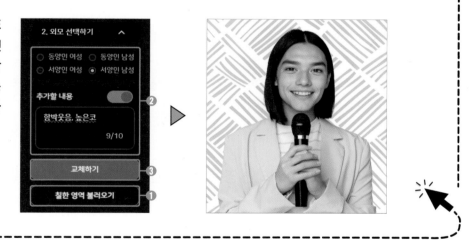

05 47-48 페이지를 참고하여 이미지의 배경을 투명하게 변경한 후 슬라이드에 배치해 보세요.

3 워드클라우드 디자인을 만들어요!

01 📊 탭을 클릭해 워드클라우드를 추가한 후 추가된 디자인을 더블클릭해요.

> **Tip** 워드클라우드
>
> 워드 클라우드는 특정 단어의 빈도나 중요성을 다양한 글자 크기로 나타낸 것으로, 데이터를 디자인처럼 표현하고 싶을 때 유용한 기능이에요.

02 [데이터 입력] 창이 표시되면 영문이 입력된 셀에 주로 쓰는 줄임말 신조어를 적어보세요.

데이터 입력		
직접 입력 구글 스프레드시트		
제 목	A	B
1		
2 Apple ❶ 더블 클릭	43	
3 Banana	17	
4 Water Melon	35	
5 Mango	56	
6 Orange	32	
7 Strawberry	22	

데이터 입력		
직접 입력 구글 스프레드시트		
제 목	A	B
1		
2 안물안궁 ❷ 입력 후 Enter	43	
3 Banana	17	
4 Water Melon	35	
5 Mango	56	
6 Orange	32	
7 Strawberry	22	

데이터 입력		
직접 입력 구글 스프레드시트		
제 목	A	B
1		
2 안물안궁 ❸ 확인	43	
3 Banana	17	
4 Water Melon	35	
5 Mango	56	
6 Orange	32	
7 Strawberry	22	

> **Tip** 신조어를 입력해요!
>
> 신조어란 시대의 변화에 따라 새롭게 만들어진 단어를 말해요. 특히 요즘에는 '안물안궁', '반모', '마상' 등 줄임말 형태의 신조어가 사용되고 있습니다.

03 입력이 완료되면 [데이터 입력] 창을 종료합니다.

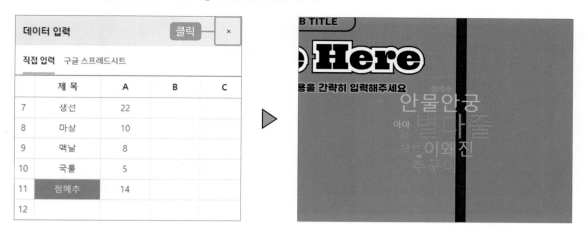

04 워드클라우드의 상자 크기를 조절한 다음 시리즈 색상, 폰트, 글자 크기를 각각 지정합니다.

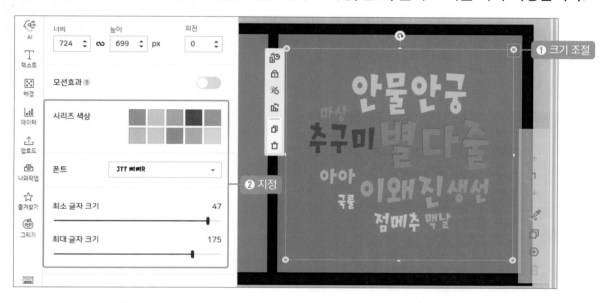

05 말풍선 도형을 찾아 슬라이드에 추가한 다음 색상을 변경합니다.

🎲 **요소(도형)** #말풍선

01 입력된 글자를 더블클릭해 내용을 수정합니다.

02 텍스트의 서식을 변경하고, 각 요소들의 크기 및 위치를 적당하게 조절해 줍니다.

> **Tip** 글자 띄어쓰기
>
> 책에서는 '신조어' 앞쪽에 커서를 위치시킨 후 스페이스바를 눌러 띄어쓰기 강제 정렬을 했어요.

03 완성된 작품을 저장(Ctrl+S)한 다음 다운로드 합니다.

01 템플릿 추가하기

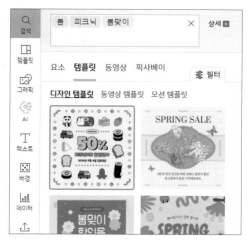

🎲 템플릿   #봄 #피크닉 #봄맞이

02 템플릿 편집하기

03 간식 관련 워드클라우드 만들기

04 아이콘을 넣어 슬라이드 꾸미기

🎲 요소(아이콘)   #귀요미팬더

Tip **워드클라우드의 데이터**

내가 좋아하는 간식을 데이터로 활용해 보세요. 입력된 숫자가 높으면 글자가 크게 표시됩니다.

DAY 10 흥미로운 제주 방언을 알아보아요!

오늘 배울 망고보드 기능
◎ 인공지능으로 그림 안의 글자 추출하기
◎ 템플릿을 활용해 제주 사투리 활동지 만들기

· 실습 및 완성파일 [DAY 10] 폴더

완성 작품 미리보기

망고보드 AI, 이렇게 활용했어요!

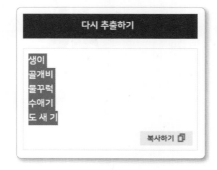

★ AI ★ 문서 추출

이미지 속 텍스트를 자동으로 추출하여 편집 가능한 데이터 형태로 변환해주는 인공지능입니다.

이미지 조절 기능으로 그림에서 필요한 부분만 남겨요!

01 망고보드에 로그인하여 [빈 슬라이드]를 생성합니다.

02 키워드를 검색해 아래와 같이 템플릿을 불러온 후 불필요한 개체를 지워주세요.

📎 **템플릿** #낱말과그림연결하기

03 [DAY 10] 폴더에서 '동물그림'을 불러와 슬라이드에 추가한 후 아래 과정에 따라 이미지를 잘라줍니다.

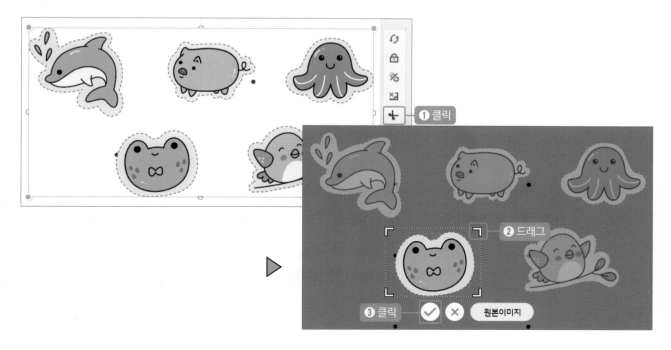

04 개구리를 첫 번째 문제로 배치한 다음 크기를 조절해 줍니다.

05 🔼 탭을 클릭해 동물 그림을 선택한 다음 똑같은 방법으로 그림을 잘라 아래와 같은 순서로 배치해 주세요.

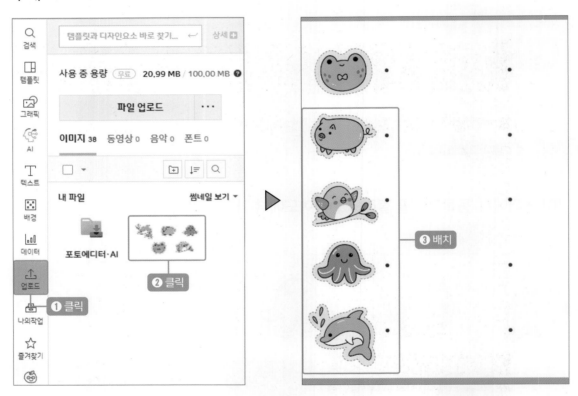

Q&A 🔼 **탭에 대해 알아볼까요?**

망고보드에서는 이미지, 동영상, 음악 등을 저장할 수 있도록 서비스하고 있으며, 파일은 무료 이용자 기준 최대 100MB까지 업로드가 가능합니다. 🔼 탭에서 파일을 삭제하면 나의 작업 템플릿에서 해당 이미지가 표시되지 않으니 유의합니다.

2 인공지능으로 글자가 있는 문서를 추출해요!

01 인공지능에 활용할 이미지를 불러오기 위해 [DAY 10] 폴더에서 '제주도방언' 그림을 업로드합니다.

02 AI 사진 편집에서 문서 추출(🖨) 아이콘을 선택해 주세요.

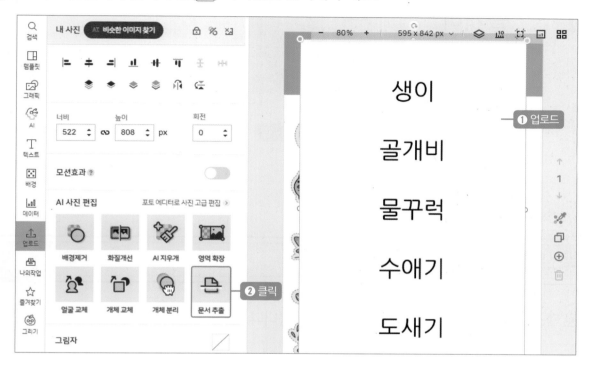

03 언어를 한글로 선택해 텍스트를 추출한 다음 <복사하기>를 클릭합니다.

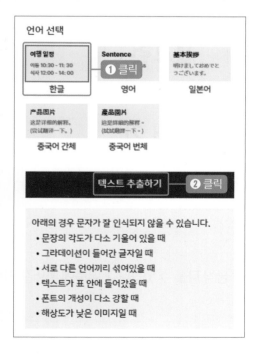

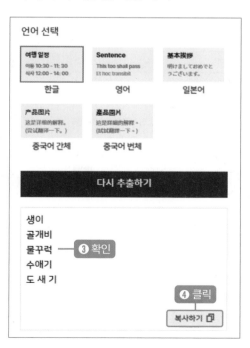

04 슬라이드에 삽입된 그림을 삭제한 후 복사한 텍스트를 붙여넣기 합니다.

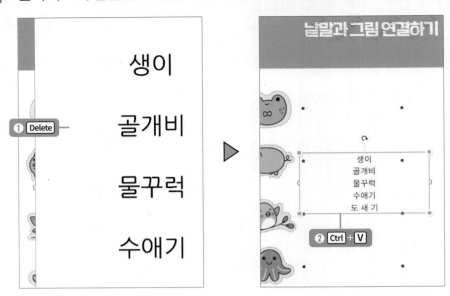

③ 텍스트를 보기 좋게 편집해요!

01 추출된 텍스트를 선택한 후 폰트와 크기를 변경해 봅니다.

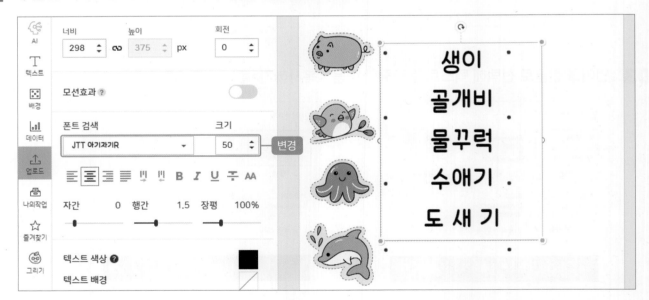

> **Tip** **크기는 이렇게 지정해요!**
>
> 책에서는 글자의 크기를 50으로 지정했지만, 폰트마다 크기가 조금씩 다를 수 있습니다. 우측에 들어갈 자리를 고려해 글자의 크기는 적당하게 맞춰주세요.

02 텍스트를 왼쪽 맞춤으로 지정한 후 아래 그림처럼 위치를 변경해 주세요.

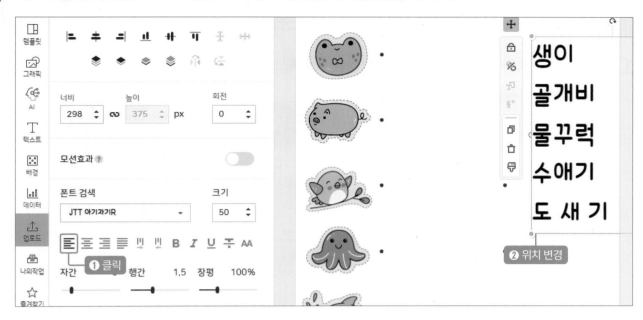

03 이번에는 행간, 자간을 조절하고 필요에 따라 글자 사이의 공백을 지워줍니다.

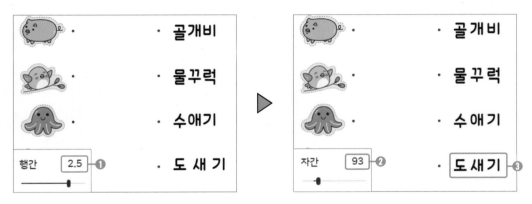

04 타이틀 내용을 수정하고 폰트를 자유롭게 편집해 보세요.

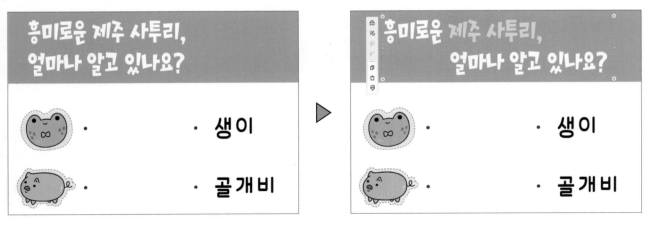

▲ 폰트/크기 변경& 행간 조절   ▲ 텍스트 색상 부분 변경 & 띄어쓰기

4 아이콘과 선 도구를 활용해 완성해요!

01 키워드를 검색해 아이콘으로 슬라이드의 상단을 예쁘게 꾸며보세요.

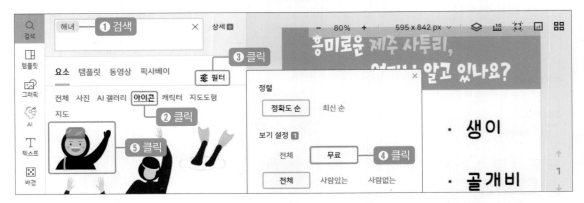

Tip **아이콘 넣기!**

해녀, 바다, 제주 등의 키워드를 검색해 다양한 무료 이미지를 찾아보세요.

02 탭에서 점선을 선택한 다음 옵션을 변경 후 아래와 같이 연결합니다.

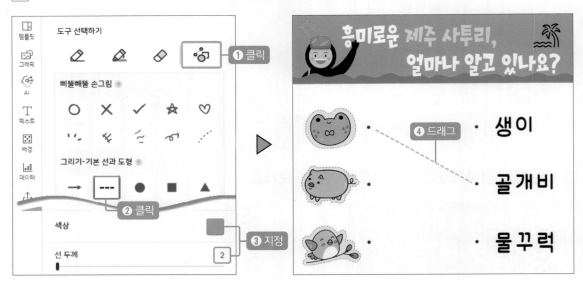

Tip **직접 정답을 찾아볼까요?**

인터넷 검색을 통해 정답을 찾아보고, 알맞은 위치에 선을 그려 넣어보세요. 예를 들어 '돼지 제주도 사투리', '돼지 제주 방언' 등의 키워드로 검색하면 쉽게 답을 찾을 수 있을 거예요.

03 완성된 작품을 저장(Ctrl+S)한 다음 다운로드 합니다.

나도 디자이너

01 템플릿 추가하기

🎲 템플릿 #두루마리 #세종대왕 #무궁화

02 템플릿 편집 및 타이틀 폰트 변경하기

03 필요한 내용 입력 후 편집하기

04 아이콘을 넣어 슬라이드 꾸미기

🎲 아이콘 #무궁화 #자음 #세종대왕

Tip 💬 **더 많은 방언을 찾아보기!**

인터넷을 활용해 강원도, 경상도, 충청도 등 재미난 방언을 찾아보고 친구들과 공유해 보세요.

11 흥행 영화 포스터 디자인하기!

오늘 배울 망고보드 기능
◎ 인공지능으로 멋진 텍스트를 만들기
◎ 텍스트에 그림을 채워 포스터 디자인하기

· 실습 및 완성파일 [DAY 11] 폴더

완성 작품 미리보기

망고보드 AI, 이렇게 활용했어요!

홀로그램   채소 ▶

★ AI ★ 이미지 생성, 텍스트 꾸미기

텍스트 꾸미기는 선택된 텍스트 스타일에 맞추어 글자를 만들어주는 인공지능이에요.

인공지능으로 그림을 생성해요!

01 망고보드에 로그인하여 [빈 슬라이드]를 생성합니다.

02 키워드를 검색해 아래와 같은 템플릿을 선택한 다음 불필요한 개체들을 삭제해 줍니다.

🎲 **템플릿** #영화포스터 #로맨스 #사랑

03 🧠 탭-[AI 이미지 만들기]에서 장면 사진을 선택해 포스터에 필요한 이미지를 생성해 보세요. 반드시 '세로형' 비율로 만들어줍니다.

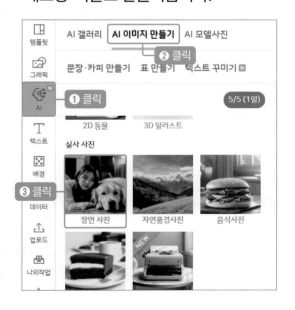

04 인공지능으로 생성된 이미지를 포스터 배경쪽으로 드래그해 그림을 교체합니다.

05 이번에는 배경 이미지가 선택된 상태에서 Ctrl+2를 눌러 움직이지 않도록 고정합니다.

06 포스터 이미지에 어울리도록 내용을 수정하고 폰트 등을 변경해 보세요.

2 인공지능으로 꾸밈 텍스트를 만들고 배경을 제거해요!

01 탭-[텍스트 꾸미기]를 클릭해 원하는 스타일을 선택한 다음 옵션을 변경해 이미지를 만듭니다.

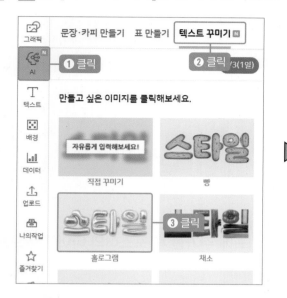 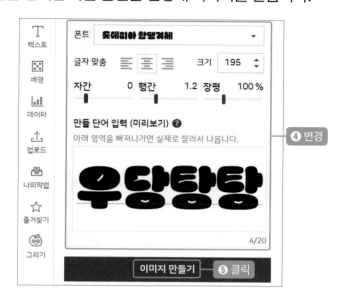

> **Tip** **텍스트 꾸미기 인공지능!**
>
> 2글자~5글자 정도 짧은 단어를 생성하는 것이 좋아요. 입력된 내용은 1줄이 될 수 있도록 글자 크기를 조절해 주세요.

02 표시된 결과 중 원하는 텍스트를 선택한 다음 AI 사진 편집-배경제거(📷) 기능을 이용해 배경을 투명하게 변경합니다.

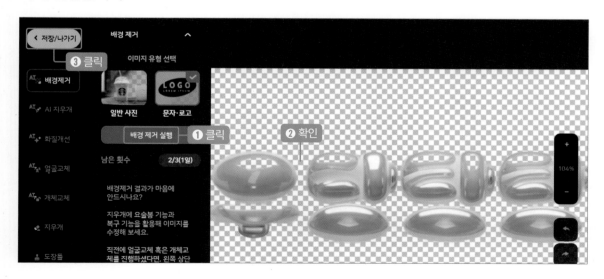

03 배경이 제거되면 포스터에서 원하는 위치에 배치해 줍니다.

01 포스터의 타이틀을 선택한 다음 '사진이 들어가는 텍스트' 항목을 활성화합니다.

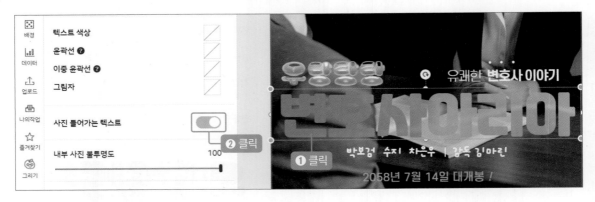

02 [DAY 11] 폴더에서 원하는 패턴 이미지를 불러와 슬라이드에 추가한 후 포스터의 타이틀 쪽으로 드래그해 패턴 이미지를 채워줍니다.

03 그림이 표시될 위치를 조절한 다음 윤곽선의 서식을 자유롭게 바꿔보세요.

04 완성된 작품을 저장(Ctrl+S)한 다음 다운로드 합니다.

나도 디자이너

01 템플릿 추가하기

🎲 템플릿 　#내한공연 #아티스트

02 음식 이미지를 찾아 앞쪽 프레임 대체

🎲 요소(사진)　#떡볶이

03 똑같은 그림을 뒤쪽 프레임에 배치

04 텍스트에 이미지 추가 및 편집

> **Tip** **앞쪽과 뒤쪽 프레임에 이미지 적용하는 순서**
>
> ① 앞쪽 프레임에 음식 이미지를 넣은 후 Ctrl + [를 눌러 뒤쪽으로 보냅니다.
> ② 똑같은 이미지를 불러와 뒤쪽 프레임(흑백)에 음식 이미지를 적용합니다.
> ③ 뒤쪽 프레임(흑백)이 선택된 상태에서 Ctrl + [를 눌러 다시 뒤쪽으로 보내줍니다.

DAY

12 여기저기 등장하는 이모티콘

오늘 배울 망고보드 기능
◎ 인공지능으로 개체의 윤곽 부분만 추출하기
◎ 템플릿에 배치된 개체에 추천 효과를 적용하기

· 실습 및 완성파일 [DAY 12] 폴더

완성 작품 미리보기

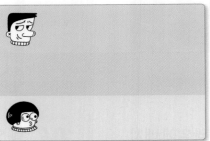

망고보드 AI, 이렇게 활용했어요!

 ▶ 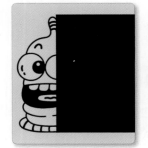 ▶

★ AI ★ 개체분리

이미지의 메인 개체를 따로 분리하는 기능으로, 지워진 부분은 인공지능이 자연스럽게 채워줍니다.

슬라이드 크기와 개체의 크기를 바꿔요!

01 망고보드에 로그인하여 [빈 슬라이드]를 생성합니다.

02 키워드를 검색해 아래와 같은 템플릿을 선택한 다음 슬라이드 크기를 변경해줍니다.

🎲 **템플릿** #도형캐릭터 #스티커 #라벨

03 아래 그림을 참고해 각 개체의 크기와 위치를 조절합니다.

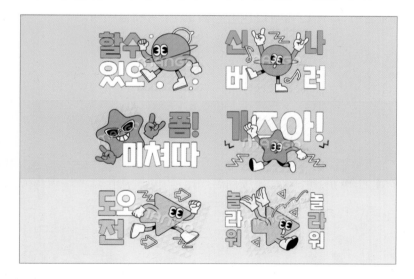

Tip 작업에 참고해요!

① Ctrl + A 를 누르면 모든 개체를 한 번에 선택할 수 있어요.
② 필요에 따라 Ctrl + 2 를 눌러 개체를 고정시킬 수 있어요.

Q&A 비율에 맞춰 작업할 수는 없나요?

슬라이드 크기 변경 시 콘텐츠 자동 맞춤을 이용하면 아래 그림과 같이 배치된 개체들의 크기와 위치 비율을 자동으로 맞춰줍니다.

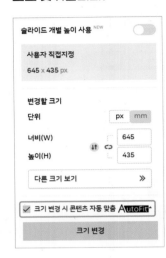

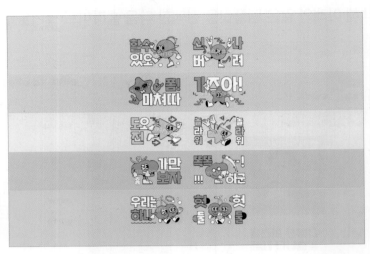

---

② 불필요한 개체를 지우고 이모티콘을 완성해요!

01 뒤쪽 3개의 배경과 텍스트를 각각 고정해 보세요.

02 Ctrl+A를 눌러 고정되지 않은 개체들이 모두 선택되면 Delete를 눌러 삭제합니다.

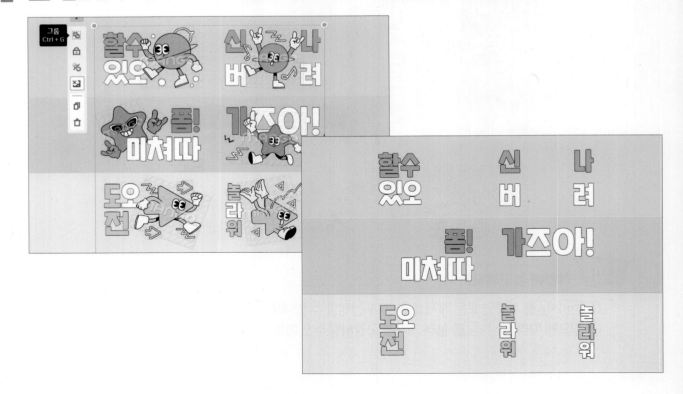

03 [DAY 12] 폴더에서 원하는 '이모티콘' 이미지를 불러와 슬라이드에 배치하고 어울릴만한 내용으로 수정해 보세요.

Tip **텍스트 고정을 해제해요!**

고정된 텍스트를 선택 후 Ctrl + 2 를 다시 눌러 고정을 해제한 다음 내용을 수정할 수 있습니다.

3 인공지능으로 그림의 채우기 면적을 분리해요!

01 투명하게 만들고 싶은 이미지를 선택한 후 AI 사진 편집에서 개체 분리() 아이콘을 선택합니다.

02 여백 범위를 조절해 개체를 분리한 후 검은 배경을 삭제합니다.

03 똑같은 방법으로 2개의 이미지를 더 작업해 보세요.

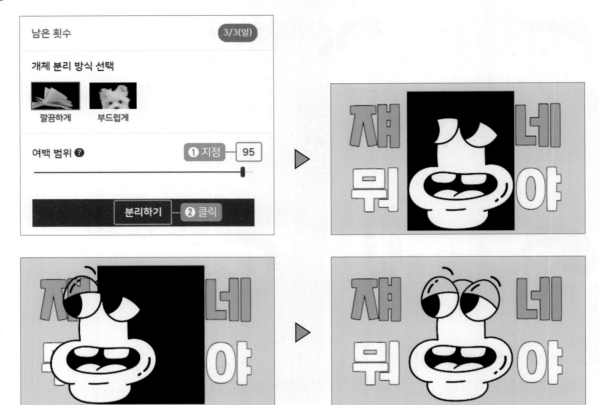

슬라이드에 애니메이션을 자동으로 설정해요!

01 상단 메뉴 중 동영상/모션 설정 ▸ 를 클릭해 동영상/모션 편집 창을 활성화합니다.

02 추천 아이콘을 선택해 슬라이드의 개체에 자동으로 애니메이션을 적용해 보세요. 이어서, 영상 종료 전 머무는 시간을 늘려줍니다.

Tip 작업에 참고해요!

• 추천 아이콘을 누를 때마다 새로운 애니메이션이 적용됩니다.
• 재생( )을 클릭하면 적용된 애니메이션을 미리 확인할 수 있어요.
• 영상 종료 전 머무는 시간을 너무 짧게 설정하면 애니메이션이 중간에 끊어질 수 있습니다.

03 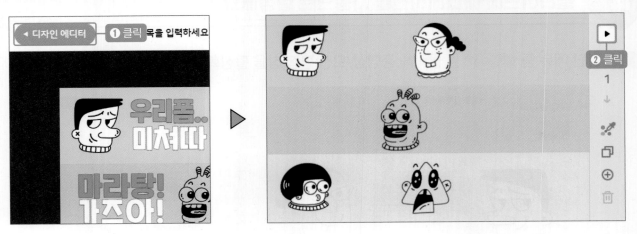를 선택해 이전 화면으로 돌아간 후 슬라이드에 적용된 애니메이션을 확인합니다.

04 완성된 작품을 저장(Ctrl+S)한 다음 GIF 형태로 다운로드 합니다.

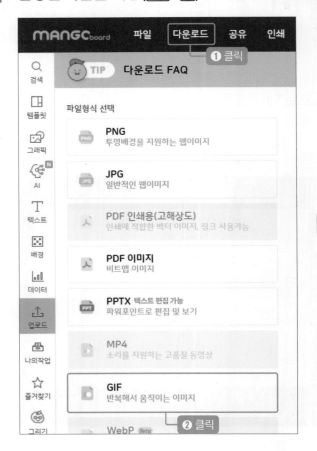

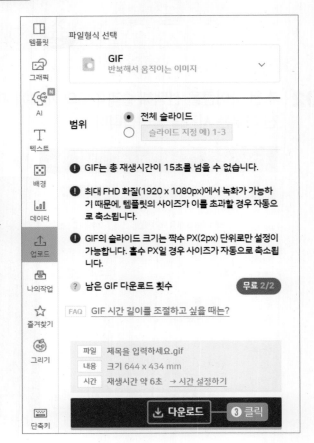

01 키워드를 검색한 후 필요한 템플릿을 찾아 자유롭게 편집하기

🎲 템플릿   #짤방 #패러디 #여자

02 [동영상/모션 설정▶]을 활용해 해당 슬라이드에 추천 효과를 적용하기

03 애니메이션이 적용된 슬라이드를 GIF 형태로 저장하기

DAY 나의 최애 음식 소개

오늘 배울 망고보드 기능
◎ 인공지능으로 사진의 배경을 변경하기
◎ 동영상 템플릿을 활용해 애니메이션 슬라이드 만들기

· 실습 및 완성파일 [DAY 13] 폴더

완성 작품 미리보기

망고보드 AI, 이렇게 활용했어요!

배경 바꾸기

옵션 선택　**직접 입력**　참고 사진(beta)

이미지 묘사
소풍, 도시락

7/50

★ AI ★　상품 배경

상품 이미지의 배경을 제거한 후 상품이 돋보일 수 있도록 인공지능으로 배경을 바꿔주는 기능입니다.

각 슬라이드에 필요한 템플릿을 적용해요!

01 망고보드에 로그인하여 [빈 슬라이드]를 생성합니다.

02 키워드를 검색해 동영상 템플릿을 선택한 후 아래와 같이 템플릿을 불러옵니다.

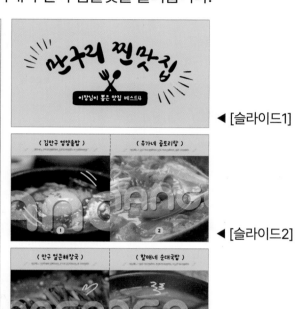

◀ [슬라이드1]

◀ [슬라이드2]

◀ [슬라이드3]

◀ [슬라이드4]

템플릿 #맛잘알 #식당

Tip 슬라이드를 추가하며 작업해요!

⊕ (빈 슬라이드 추가)를 눌러 새로운 슬라이드를 생성할 수 있어요.

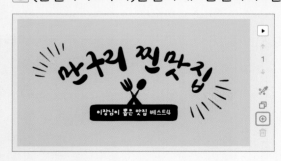

2 음식 동영상을 찾아 프레임에 추가해요!

01 [슬라이드 2]를 클릭한 후 음식 동영상을 검색합니다.

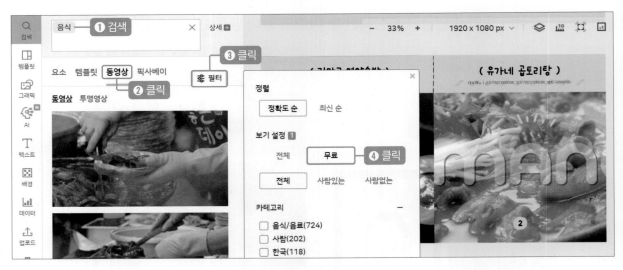

🎲 동영상 #음식

02 동영상이 표시되면 내가 좋아하는 음식 영상을 선택해 프레임에 추가합니다.

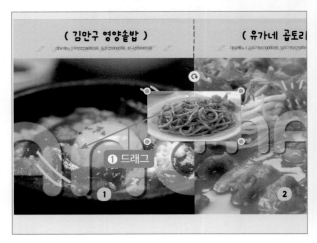

Tip 영상을 미리 확인해요!

검색되어 표시된 동영상 썸네일의 ▶ 단추 위에 마우스를 올려놓으면 내용을 미리 확인할 수 있습니다.

03 좋아하는 음식을 키워드로 입력해 [슬라이드 2], [슬라이드 3]에 동영상을 넣어보세요.

04 삽입된 동영상과 어울리는 내용으로 수정한 후 폰트 스타일을 변경합니다.

▲ 슬라이드 2

▲ 슬라이드 3

 동영상 크기 조절하기

삽입된 동영상을 더블클릭하면 동영상의 크기와 위치 조절이 가능해요!

01 [슬라이드 4]를 선택한 후 [DAY 13] 폴더에서 '도시락' 이미지를 불러옵니다.

02 이미지가 선택된 상태에서 AI 사진 편집-상품 배경(📷) 아이콘을 선택해 주세요.

03 <배경제거하고 시작하기>를 클릭해 이미지의 배경이 투명해지면 내용을 입력 후 <배경 생성하기>를 클릭합니다.

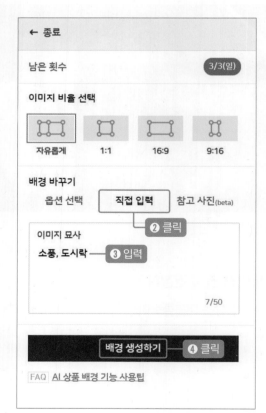

04 결과물이 표시되면 원하는 이미지를 고른 후 <적용하기>를 클릭합니다.

05 [슬라이드 4]의 도시락 이미지를 선택한 후 <슬라이드 배경으로 설정>합니다.

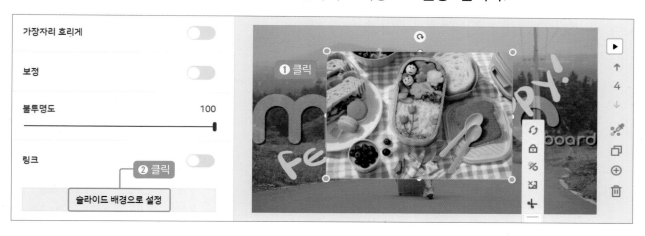

06 [슬라이드 1]의 타이틀을 변경하고 각 슬라이드를 원하는 형태로 편집해 작품을 완성해 보세요.

07 완성된 작품을 저장(Ctrl+S)한 다음 GIF 형태로 다운로드 합니다.

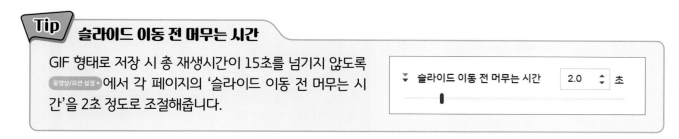

Tip **슬라이드 이동 전 머무는 시간**

GIF 형태로 저장 시 총 재생시간이 15초를 넘기지 않도록 동영상/모션 설정 ▶ 에서 각 페이지의 '슬라이드 이동 전 머무는 시간'을 2초 정도로 조절해줍니다.

나도 디자이너

01 템플릿 추가하기

02 메인 색상, 내용 편집, 폰트 변경하기

🎲 템플릿 #고기만두 #튀김만두

Tip 색상 한 번에 변경하기

색상 변경 시 '같은 색상 모두 변경' 기능을 이용하면 메인 색상을 한 번에 원하는 색으로 지정할 수 있어요.

03 동물 동영상을 찾아 프레임에 추가한 후 추천 효과로 애니메이션 적용하기

Tip 추천 효과 적용하기

97 페이지를 참고해 슬라이드에 애니메이션을 적용해 보세요.

14 내 마음대로 움직이는 캐릭터

오늘 배울 망고보드 기능

◎ 인공지능으로 메인 개체(캐릭터)를 분리하기
◎ 빈 슬라이드를 열어 디자인 후 개체에 모션 적용하기

· 실습 및 완성파일 [DAY 14] 폴더

완성 작품 미리보기

망고보드 AI, 이렇게 활용했어요!

★ AI   화질개선, 개체 분리

인공지능을 활용하여 작고 해상도가 떨어지는 이미지를 깨짐 없이 확대할 수 있습니다. 이후 배경과 캐릭터를 분리해 필요한 개체만 남기도록 합니다.

01 망고보드에 로그인하여 [빈 슬라이드]를 생성한 후 배경 색상을 변경합니다.

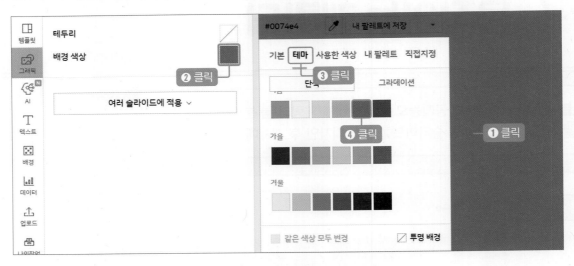

02 ⬛그래픽 탭을 눌러 사각형 도형을 찾아 슬라이드에 추가한 후 크기를 지정합니다.

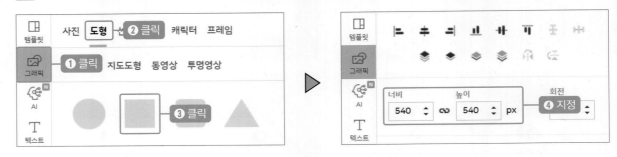

03 똑같은 크기의 사각형을 복사해 2개로 만들고 색상을 변경합니다. 이어서, Ctrl+2를 눌러 두 개의 정사각형을 고정해줍니다.

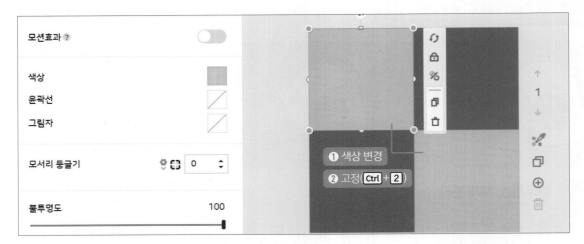

인공지능을 활용해 이미지 화질을 개선 후 개체를 분리해요!

01 크롬 브라우저를 통해 '구글'에 접속 후 좋아하는 캐릭터의 이름을 검색해 보세요.

02 원하는 이미지 위에서 마우스 오른쪽 버튼을 눌러 [이미지 복사]를 클릭합니다.

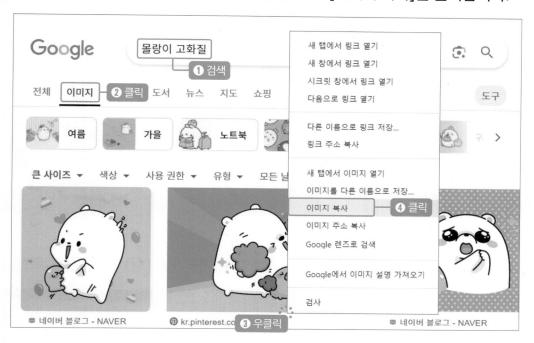

Q&A 책과 똑같은 이미지는 어디에 있나요?

책에서는 저작권 문제로 인해 별도의 캐릭터를 이용했어요. 여러분은 '마인크래프트, 짱구, 어몽어스, 도라에몽 등' 원하는 캐릭터의 이름을 검색해 이미지를 찾아보세요. 만약 책과 똑같은 이미지를 찾고 싶다면 [DAY 14] 폴더에서 이미지를 불러올 수 있습니다.

---

03 망고보드 작업 화면으로 돌아와 Ctrl+V를 눌러 붙여 넣어줍니다.

04 이미지의 화질을 높이기 위해 AI 사진 편집에서 화질개선() 아이콘을 선택합니다.

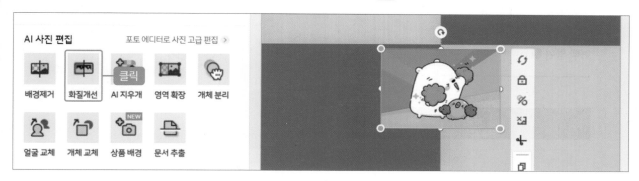

05 [깨짐 없이 사진 확대] 메뉴를 이용해 '5배'를 선택해 사진을 확대합니다.

06 이번에는 배경과 캐릭터를 떨어뜨리기 위해 AI 사진 편집에서 개체 분리(⬡) 아이콘을 선택합니다.

07 개체 분리가 완료되면 그림의 배경을 삭제해 줍니다.

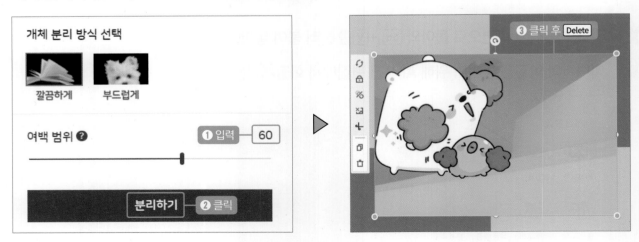

3 캐릭터 이미지에 날아오기 모션을 적용해요!

01 배경이 제거된 캐릭터 이미지를 슬라이드 중앙에 작게 배치한 후 모션효과를 활성화시킵니다.

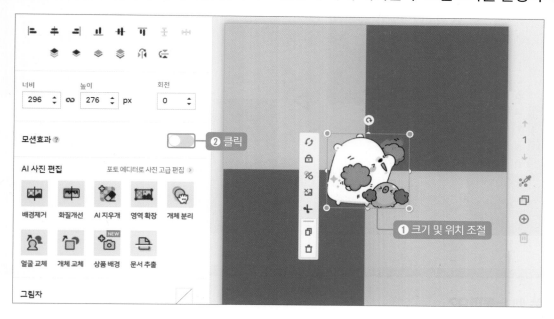

02 목록에서 '날아오기'를 검색해 [왼쪽에서 날아오기]를 선택한 후 옵션을 변경합니다.

03 모션의 속도와 재생 옵션을 변경합니다.

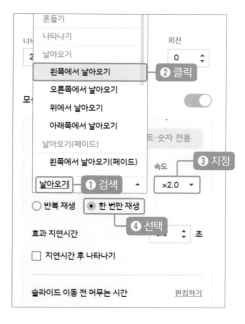

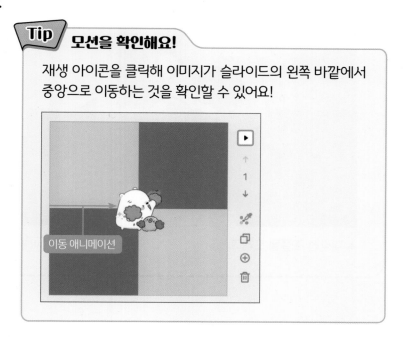

Tip **모션을 확인해요!**

재생 아이콘을 클릭해 이미지가 슬라이드의 왼쪽 바깥에서 중앙으로 이동하는 것을 확인할 수 있어요!

이동 애니메이션

04 캐릭터를 복사한 후 붙여넣어줍니다. 이어서, Alt를 누른 채 대각선 조절점을 드래그해 크기를 조금 키워주세요.

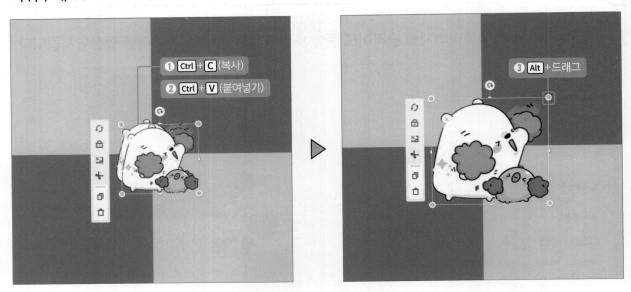

Q&A Alt **키는 왜 누를까요?**

Alt를 누른 상태에서 개체의 크기를 조절하면 고정된 위치에서 크기만 조절이 가능합니다. 아래 비교 결과 이미지를 확인해 보세요.

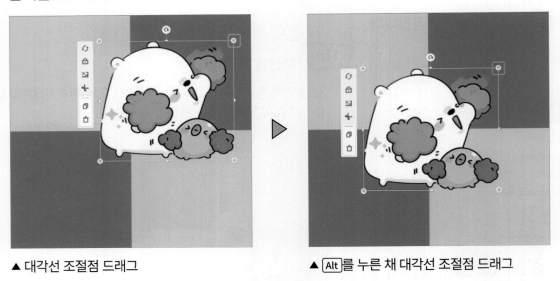

▲ 대각선 조절점 드래그   ▲ Alt를 누른 채 대각선 조절점 드래그

05 확대된 캐릭터 이미지의 모션 효과를 변경하고, 효과 지연시간을 수정해 보세요.

06 똑같은 방법으로 세 번째 캐릭터와 네 번째 캐릭터를 작업합니다.

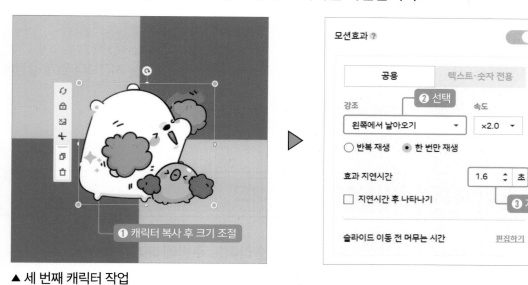

▲ 세 번째 캐릭터 작업

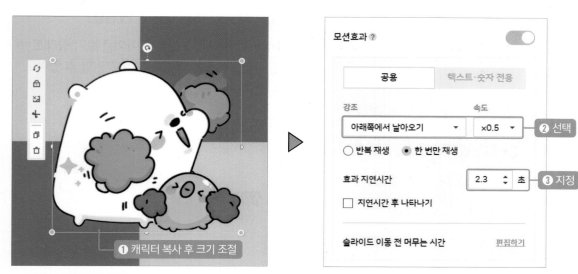

▲ 마지막 캐릭터 작업

07 슬라이드 우측 재생 단추를 클릭하면 마지막 캐릭터 모션이 끊어지듯 보이는 것을 확인할 수 있습니다.

08 해결을 위해 동영상/모션 편집 창을 활성화한 후 영상 종료 전 머무는 시간을 조절합니다.

> **Tip** **영상 종료 전 머무는 시간**
>
> 한 슬라이드 안에서 영상이 지속되는 시간을 말해요. 각 개체들의 모션이 진행되는 시간보다 길게 설정하는 것이 중요합니다.

4 꾸미기 그림에 다양한 모션 효과를 적용해요!

01 [DAY 14] 폴더에서 원하는 '꾸미기' 이미지를 불러와 슬라이드 주변에 배치해 보세요.

> **Tip** **사용할 이미지만 불러와요!**
>
> 아래 이미지를 참고해 큰 아이콘 보기 상태로 변경하면 불러올 이미지를 미리 확인할 수 있어요.

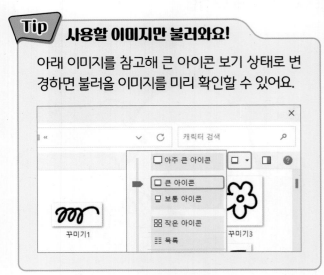

02 슬라이드에 배치된 꾸미기 이미지 하나를 선택한 다음 아래와 같이 모션을 적용해 보세요.

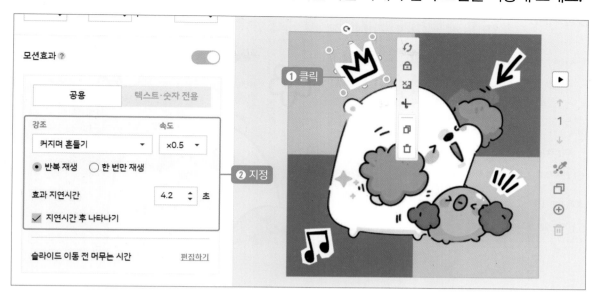

Tip 작업 시 유의해요!

① 모션 효과와 속도는 자유롭게 선택한 다음 '반복 재생'에 체크해요.
② '지연시간 후 나타나기'에 반드시 체크해요.
③ 효과 지연시간은 캐릭터가 나타나는 모션이 끝난 후의 시간으로 지정해요.

03 나머지 꾸미기 그림에도 모션 효과를 지정해 봅니다.

5 슬라이드 전환 효과를 적용해요!

01 [슬라이드 1]을 복제한 다음 이미지를 모두 지우고 배경 색상을 변경해 봅니다.

02 배운 기능을 참고하여 새로운 캐릭터와 꾸미기 그림을 슬라이드에 배치한 후 자유롭게 모션 효과를 적용합니다.

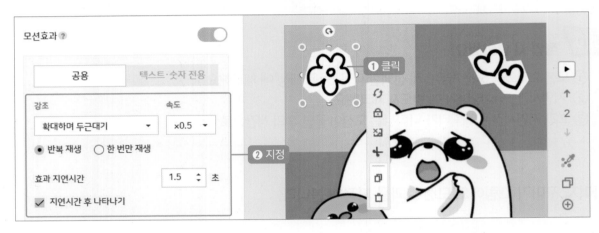

03 동영상/모션 설정 ▶ 에서 첫 번째 슬라이드를 선택한 후 화면전환 효과를 적용해 보세요.

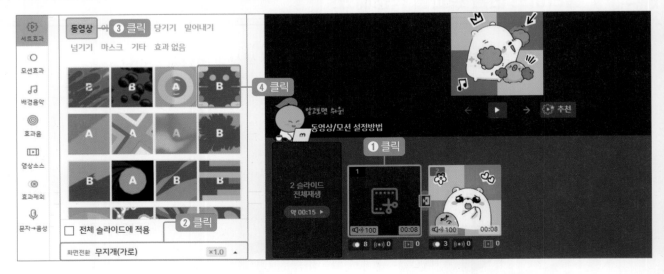

04 완성된 작품을 저장(Ctrl+S)한 다음 GIF 형태로 다운로드 합니다.

01 키워드를 검색한 후 필요한 템플릿을 찾아 먼 미래의 일기 적어보기

🎲 **템플릿** #그림일기

Tip 원고지에 글자 배치하기

① 단어별로 끊어서 글자를 입력합니다.
② 글자의 자간을 넓히거나 좁히면서 간격을 조절해 보세요.

자간 880   행간 1.48   장평 100%

02 각 개체에 원하는 모션 효과를 적용하기

03 영상 종료 전 머무는 시간 지정하기

기 ▶ 0.0 s
왼쪽에서 급정거하기 ×1.0 1

친구 ▶ 0.0 s
아래쪽에서 날아오기 ×1.0 1

❶ 모션 효과는 세트 애니메이션의 영향을 받지 않습니다.

▼ 영상 종료 전 머무는 시간   7.0 ⇕ 초

PART 02

원하는 콘텐츠
제작하기

어떤 걸 고르지?
밸런스 게임

◎ 재미있는 질문이 가득한 밸런스 게임을 만들어보기

· **실습 및 완성파일** [DAY 15] 폴더

무조건 하나는 선택해야 한다!!

밸런스겜

밸런스게임?

정반대의 상황인 두가지 문항을 제시하면 무조건
두개 중에 하나를 선택해야 하는 게임!

※밸런스게임에선 절대 기권 할 수 없습니다 :)

슈붕 VS 팥붕

어떤 직업이 좋을까? 1

A) 5인조 그룹의 유명 아이돌

> 하루 3시간만 잘 수 있음
> 친구 만나기 어려움
> 자유로운 외출 불가능

B) 매출 높은 회사의 젊은 대표

> 결정해야 할 일이 많음
> 책임져야 하는 일은 더 많음
> 주말에는 회사에서 지내기

평생 못 하는 이것! 2

A) 고기 먹지 않기 ⚠

> 생선류는 먹을 수 있음

B) 게임 하지 않기 ⚠

> 게임 방송은 볼 수 있음
> 댓글을 읽거나 쓸 수 없음

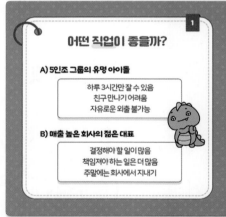

반려동물을 입양한다면? 3

A) 다정하고 귀여운 강아지

> 하루 산책 5회를 채웠을 때만
> 다정하고 귀여움

B) 누구에게나 애교 많은 고양이

> 나랑은 사이가 좋지않음
> 나에게만 냥냥펀치를 날림

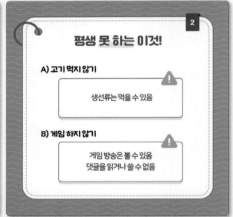

친구들과의 모임에서... 4

A) 1시간 동안 듣기만 하기

> 리액션만 가능함
> 예시) "응", "우와~", "진짜?"

B) 1시간 동안 내 얘기만 하기

> 다른 사람에게 질문할 수 없음
> 할 말이 없으면 노래라도 해야 함

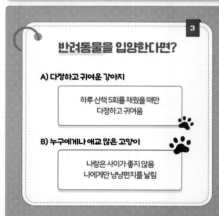

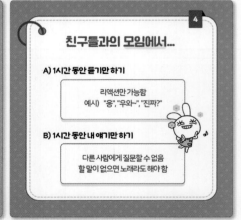

01 ✦ 필요한 템플릿을 찾아 세트로 불러와요!

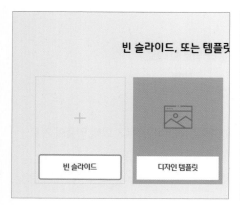

1 망고보드에 접속하여 빈 슬라이드 만들기

2 템플릿 검색하기

템플릿 #밸런스게임 #대결

3 밸런스겜 템플릿을 세트로 불러오기

02 ✦ 전체 슬라이드를 편집해 작업 환경을 만들어요!

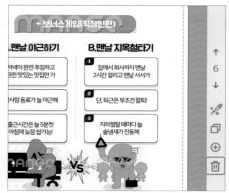

1 불필요한 [슬라이드6]~[슬라이드8] 삭제하기

2 Ctrl+2를 눌러 각 슬라이드의 노트 모양 틀 고정시키기

3 120 페이지를 참고해 불필요한 개체 삭제하기

4 [슬라이드1]의 텍스트를 선택 후 원하는 폰트로 변경하기

5 [슬라이드1] 내용 편집하기

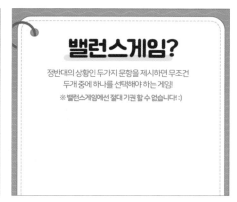

6 [슬라이드2] 내용 편집하기

03 ✦ 세 번째 슬라이드와 네 번째 슬라이드를 만들어요!

1 [슬라이드3]에 질문을 입력하기

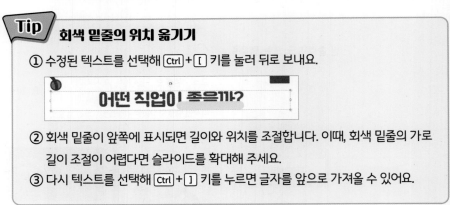

Tip **회색 밑줄의 위치 옮기기**

① 수정된 텍스트를 선택해 Ctrl + [키를 눌러 뒤로 보내요.

② 회색 밑줄이 앞쪽에 표시되면 길이와 위치를 조절합니다. 이때, 회색 밑줄의 가로 길이 조절이 어렵다면 슬라이드를 확대해 주세요.

③ 다시 텍스트를 선택해 Ctrl +] 키를 누르면 글자를 앞으로 가져올 수 있어요.

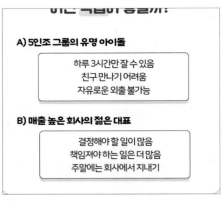

2 슬라이드 안의 텍스트를 편집해 내용을 수정하기

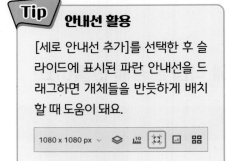

Tip **안내선 활용**

[세로 안내선 추가]를 선택한 후 슬라이드에 표시된 파란 안내선을 드래그하면 개체들을 반듯하게 배치할 때 도움이 돼요.

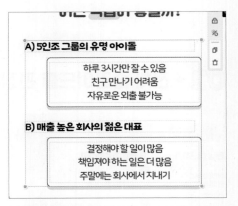

3 제목을 제외한 텍스트를 복사하기 (Ctrl + C)

4 [슬라이드4]에서 불필요한 내용을 삭제하기

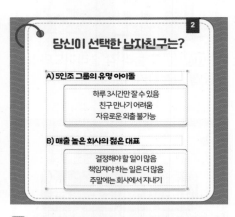

5 [슬라이드3]에서 복사했던 내용 붙여넣기 (Ctrl + V)

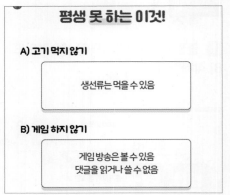

6 새로운 밸런스 게임 질문으로 수정하기

04 ✦ 인공지능 그림을 활용해 표지 슬라이드를 만들어요!

1 🖼 기능으로 이미지를 생성하기

2 이미지의 배경을 제거한 후 [슬라이드1]에 배치하기

> **Tip 캐릭터 이름 적기**
>
> '마인크래프트', '짱구' 등 유명한 캐릭터의 이름을 넣으면 캐릭터의 특징을 살려서 이미지를 생성해줍니다. 만약 인공지능이 학습하지 않은 캐릭터라면 임의의 이미지가 만들어질 수 있어요.

05 ✦ 질문 내용을 추가하고 아이콘을 넣어 밸런스 게임을 완성해요!

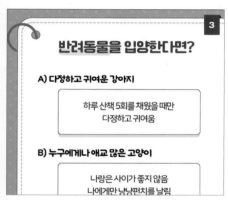

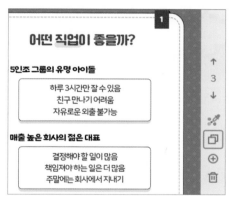

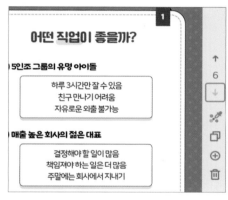

1 [슬라이드4] 내용을 복사해 [슬라이드5]를 편집해보기

2 [슬라이드3]을 복사하기

3 슬라이드를 맨 마지막으로 이동하기

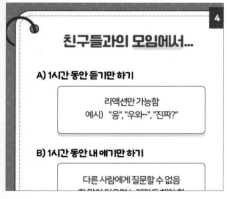

4 문제 번호와 질문 내용을 자유롭게 수정하기

5 아이콘을 활용해 [슬라이드2]에 그림 넣기

요소(아이콘) #슈붕팔붕

> **Tip 슬라이드 한 장으로 저장하기**
>
> 저장 시 '한 장으로 합치기' 옵션에 체크하면 완성 슬라이드를 웹 형태의 세로로 긴 이미지로 저장할 수 있어요.
>
>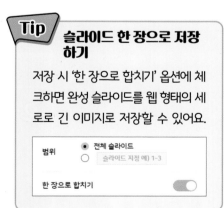

16 밈을 만들어 다양한 상황 연출하기

◎ 그림에 어울리는 대사를 입력해 개성있는 밈 완성하기

· 실습 및 완성파일 [DAY 16] 폴더

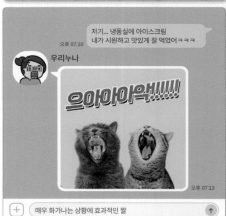

01 ✦ 필요한 템플릿을 찾아 세트로 불러와요!

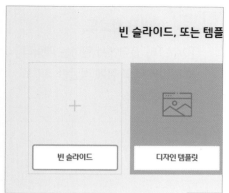

1 망고보드에 접속하여 빈 슬라이드 만들기

2 템플릿 검색하기

템플릿 `#짤방` `#밈` `#카톡`

3 짤방모음집 템플릿을 세트로 불러오기

02 ✦ 첫 번째 슬라이드의 요소를 변경해요!

1 [슬라이드1]에 입력된 텍스트를 무료 폰트로 변경하기

Tip 무료 폰트 찾는 방법

저작권에서 '제약 없는 폰트만' 옵션을 선택한 다음 표시되는 목록에서 폰트를 선택해요.

2 불필요한 요소 삭제 후 원하는 그림을 추가하기

요소(아이콘) `#고양이` `#상자` `#숨다`

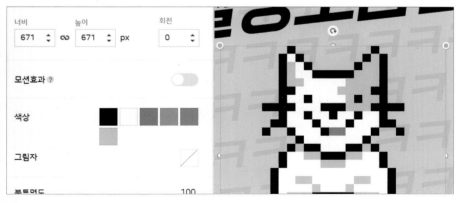

3 그림의 색상을 배경과 겹치지 않도록 바꿔보기

4 그림에 어울리는 재미있는 문구로 타이틀 수정하기

03 ✦ 두 번째 슬라이드의 개체를 수정해 밈을 만들어요!

Tip 이미지 업로드

[DAY 16] 폴더에서 원하는 캐릭터를 불러와 대화 창에 적당한 크기로 배치해 보세요.

1 [슬라이드2]에서 🔼 기능으로 대화 캐릭터를 변경한 후 텍스트 수정하기

2 🔼 기능으로 밈에 사용될 이미지 추가하기

3 삽입된 이미지에서 불필요한 부분을 잘라내기

4 그림 배치 후 자유롭게 텍스트 요소 수정하기

04 ✦ 인공지능 그림을 활용해 밈을 만들어요!

1 🧠 기능으로 이미지를 생성하기

2 생성된 이미지 중 원하는 그림을 프레임에 추가하기

3 그림을 더블클릭해 크기와 위치를 조절하기

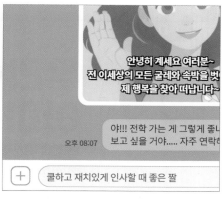

4 대화 상대 캐릭터와 이름을 변경하기   **5** 자유롭게 텍스트 요소 수정하기

05 ✦ 다양한 상황에 쓰일 수 있는 밈을 자유롭게 만들어 보세요!

▲ [슬라이드3]

▲ [슬라이드4]

▲ [슬라이드5]

06 ✦ 완성된 밈을 활용해 자연스러운 대화 상황을 연출해요!

▲ [슬라이드3]

▲ [슬라이드4]

▲ [슬라이드5]

DAY 17

우리 동네,
아마 다시 갈 지도

◎ 지도 데이터를 넣어 우리 동네 유명한 곳 소개해보기

· 실습 및 완성파일 [DAY 17] 폴더

> **Tip** 인터넷 정보 검색
>
> 우리 동네 자랑거리는 뭐가 있을까요? 본문 작업 전 인터넷을 활용해 자랑하고 싶은 우리 동네와 관련된
> 유명지(음식집, 관광지, 공원, 강 등)를 검색해 찾아보세요.

01 ✦ 템플릿을 불러와 필요한 요소를 세팅해요!

1 빈 슬라이드를 열어 템플릿 선택하기 **2** 텍스트를 제외한 개체들을 삭제하기

템플릿 #푸드스타일리스트 #레시피

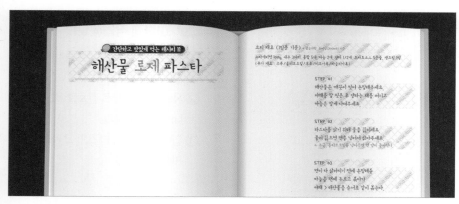

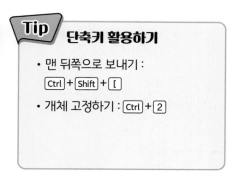

Tip **단축키 활용하기**

• 맨 뒤쪽으로 보내기 :
  Ctrl + Shift + [

• 개체 고정하기 : Ctrl + 2

3 🔼 기능으로 [DAY 17] 폴더에서 책 이미지를 불러오기
4 슬라이드 뒤쪽에 배치 후 움직이지 않도록 고정하기

02 ✦ 우리 동네 지도를 추가해요!

1 📊-[지도]에서 우리 지역을 찾아 선택하기
2 지도 색상을 변경하기
3 지역명 표시를 활성화 후 지도 외곽선, 텍스트 색상, 폰트를 변경하기

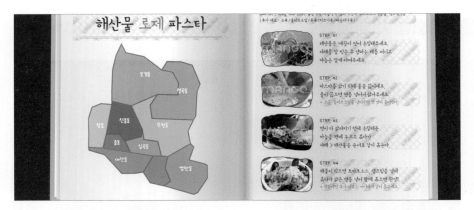

4 지도를 책의 왼쪽 페이지에 배치하기

03 ✦ 슬라이드의 내용을 수정해요!

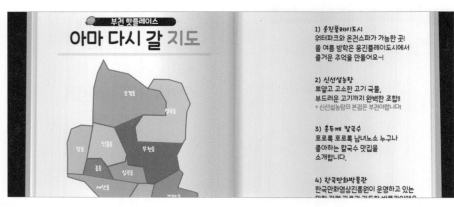

Tip 이렇게 작업해요!

① 인터넷을 참고해 우리 동네의 자랑거리를 찾아보기
② 유료 폰트를 무료 폰트로 바꾼 후 내용을 입력하기
③ 입력된 텍스트 박스의 크기와 위치를 조절하기

1 재미있는 타이틀로 수정하기

2 우리 동네의 자랑할만한 장소를 소개하는 글 적어보기

3 그래픽 -[프레임]에서 원하는 프레임 선택하기

4 프레임이 추가된 것을 확인하기

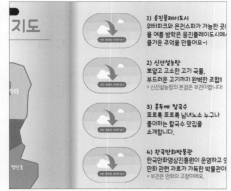

5 Ctrl을 누른 채 프레임을 복사하기

6 소개하려는 장소의 그림을 프레임 안에 넣기

04 ✦ 인공지능 그림을 생성해 배경으로 적용해요!

 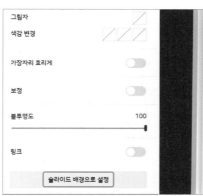 

1 🧠 기능으로 배경 이미지를 생성하기   **2** 슬라이드에 추가된 이미지를 배경으로 설정하기

05 ✦ 그림을 업로드하고 아이콘을 넣어 슬라이드 디자인을 완성해요!

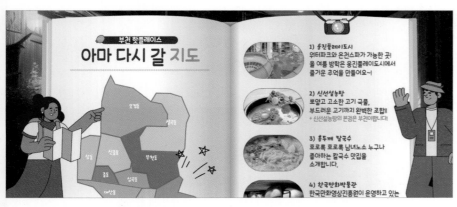

Tip 그림 좌우대칭

그림이 선택된 상태에서 '가로로 뒤집기' 아이콘을 클릭해요.

1 [DAY 17] 폴더에서 캐릭터 이미지를 추가 후 아이콘으로 슬라이드 꾸미기

요소(아이콘)   #카메라 #반짝이

18 패션잡지를 디자인 해보자

◎ 도형과 바코드를 추가해 패션잡지의 표지를 디자인하기

· 실습 및 완성파일 [DAY 18] 폴더

01 ✦ 인공지능으로 패션잡지에 필요한 모델을 만들어요!

Tip 원하는 그림이 없어요!

[DAY 18] 폴더에는 남자와 여자 이미지가 준비되어 있어요. 얼굴부터 패션까지 인공지능을 이용해 변형해 보도록 할게요.

1 빈 슬라이드를 열어 ⬆️ 기능으로 [DAY 18] 폴더에서 모델 이미지를 불러오기

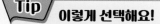

2 이미지가 선택된 상태에서 얼굴 교체(👤) 클릭

3 [칠하기] 모드가 선택된 상태에서 화면을 확대해 얼굴 부분을 드래그

Tip 이렇게 선택해요!
- Ctrl+마우스휠 : 화면 확대/축소
- Space Bar+드래그 : 시점 이동
- [칠하기]와 [해제] 모드를 이용해 얼굴 부분 영역을 지정하기

4 외모 옵션 지정 후 얼굴 교체 진행하기

5 변경된 모습을 확인하기

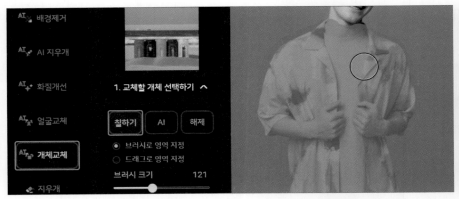

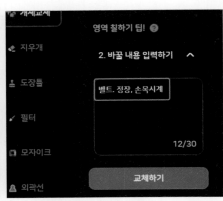

6 [개체교체] 탭을 선택 후 [칠하기] 모드가 선택된 상태에서 옷을 드래그

7 바꿀 내용 입력 후 개체 교체 진행하기

8 변경된 모습을 확인하기

9 어색한 부분을 수정하기 위해 범위 선택하기

10 바꿀 내용을 입력 후 교체하기

02 ✦ 잡지 템플릿을 불러와 인공지능 이미지를 추가해요!

1 새로운 슬라이드를 추가하기

2 템플릿 검색하기

템플릿 #잡지표지 #가상인물

3 템플릿을 원본 크기대로(세로형태) 불러오기

Tip 사진 크기 조절하기

배경으로 삽입된 이미지를 더블클릭 후 크기와 위치를 보기 좋게 조절해 보세요.

4 [슬라이드1]의 인공지능 이미지를 [슬라이드2]로 드래그

5 잡지의 배경 이미지를 대체하기

03 ✦ 도형과 바코드를 넣어 잡지를 편집해요!

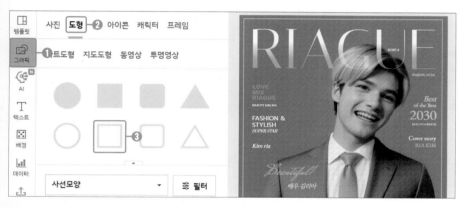

1 [그래픽]-[도형]에서 사각형을 추가한 후 테두리 부분에 배치하기

2 윤곽선의 색, 두께, 불투명도 변경하기

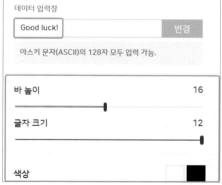

3 [데이터]-[QR·바코드]에서 원하는 코드를 선택하기

4 데이터를 입력 후 바코드 옵션 변경하기

5 바코드 배치 후 잡지 내용 편집하기

DAY 19

재미로 살펴보는 요즘어 사전

◎ 요즘 유행하는 신조어와 관련된 사전을 만들어보기

· 실습 및 완성파일 [DAY 19] 폴더

재미로 살펴보는 요즘어 사전

ⓞ Instagram

오늘 배울 요즘어

1. 밥친구	2. 갓기
3. 뽀용	4. 쩝쩝박사
5. 웃수저	6. K힙

요즘 유행어를 살펴보고, 그 유래와 뜻을 알아봅시다!!

1. 밥친구

밥을 먹을 때 보는 유튜브 영상이나 웹툰 등의 콘텐츠를 뜻함

2. 갓기

God+아기가 합쳐진 신조어로, 어린 나이에 뛰어난 실력을 겸비한 사람을 칭찬하는 말

3. 뽀용

뽀얗고 하얗다는 의미를 가진 신조어로 사랑스럽다는 뜻으로 쓰임

4. 쩝쩝박사

척척 박사를 변형해 만들었으며, 맛있는 음식 조합을 잘 아는 사람을 뜻함

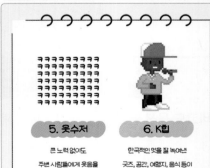

5. 웃수저

큰 노력 없이도 주변 사람들에게 웃음을 줄 수 있는 사람을 뜻하는 말

6. K힙

한국적인 멋을 잘 녹여낸 굿즈, 공간, 여행지, 음식 등이 힙하다고 칭하는 말

까방

요즘어, 더 궁금해?

주구미

아몬따

01 ✦ 템플릿을 활용해 첫 번째 슬라이드를 편집해요!

1 필요한 템플릿을 검색한 후 세트로 불러오기

템플릿 #계획 #십이지신

2 [슬라이드1]의 요소를 그림과 같이 편집하기

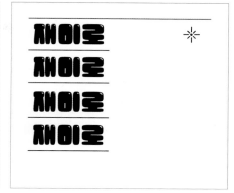

3 개체를 복사하기(Ctrl+드래그)

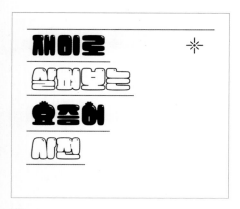

4 내용과 밑줄 길이 수정 후 텍스트 서식 변경하기

5 [DAY 19] 폴더의 이미지와 아이콘을 활용해 슬라이드 꾸미기

02 ✦ 인공지능을 활용해 그림을 편집이 가능한 텍스트 형태로 불러와요!

1 [슬라이드1]에서 빈 슬라이드를 추가하기

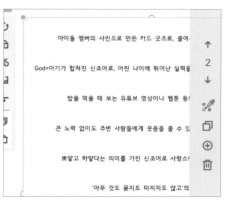

2 새롭게 추가된 [슬라이드2]에 신조어 이미지를 업로드하기

3 이미지가 선택된 상태에서 문서 추출(🖹) 클릭

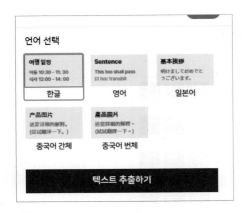

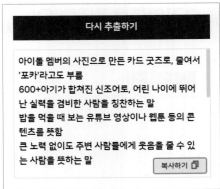

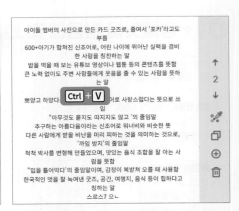

4 텍스트 추출을 진행하기

5 추출된 내용을 복사하기

6 슬라이드의 이미지를 삭제 후 추출한 텍스트를 붙여넣기(Ctrl+V)

03 ✦ 신조어를 소개하는 슬라이드를 만들어요!

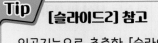

[슬라이드2] 참고

인공지능으로 추출한 [슬라이드2]의 내용을 읽어보고, 알고 있는 단어를 입력해 보세요.

1 [슬라이드4]에 신조어를 입력하기

2 용과 말풍선의 그룹을 해제한 후 자유롭게 편집하기

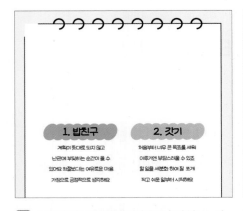

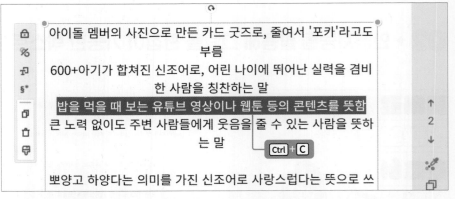

3 [슬라이드9]의 그림을 삭제하고 신조어를 입력하기

4 [슬라이드2]에서 '밥친구'에 해당하는 내용의 문장을 블록으로 지정해 복사하기(Ctrl+C)

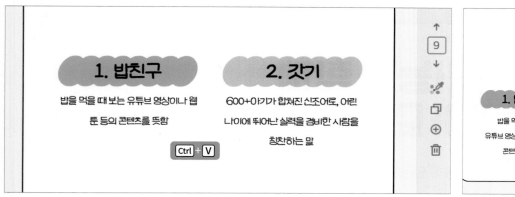

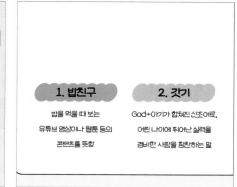

5 [슬라이드9]에 붙여넣기(Ctrl + V)

6 똑같은 방법으로 '갓기'에 해당하는 텍스트 붙여넣기

7 오탈자를 수정하고 텍스트 서식을 변경하기

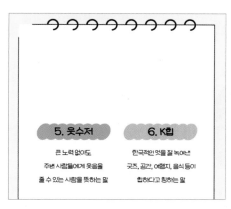

8 [슬라이드9]를 복사하여 3~4번 신조어 내용을 입력하기

9 똑같은 방법으로 5~6번 신조어 내용을 입력하기

10 [슬라이드8]을 자유롭게 편집하기

O4 ✦ 아이콘을 넣어 디자인을 완성해요!

1 빈 곳에 원하는 아이콘 추가하기

2 [슬라이드8]을 마지막 슬라이드로 이동시키기

Tip 슬라이드 삭제

불필요한 슬라이드를 삭제하여 6개의 슬라이드만 남겨주세요.

인공지능과 함께 작가가 되어볼까?

◎ 키워드를 활용해 인공지능과 글짓기 후 내용 편집하기

· 실습 및 완성파일 [DAY 20] 폴더

AI 동화책

인공지능&김마린 지음

"챗GPT와 함께 만들어요!"

#몬스터 #반지 #커피 #화분

마법의 반지

한 작은 마을에 겁이 많은 몬스터가 있었어요.
그는 사람들과 소통하기 위해 마법의 반지를 끼고
특별한 커피를 만들기로 결심했죠.

몬스터는 커피와 함께 화분에 담긴 꽃도 선물했어요.
사람들은 그 커피와 화분에 매료되어
몬스터를 두려워하기보다 사랑하게 되었죠.
이제 마을은 커피와 꽃으로 가득 찼고, 몬스터는
사람들과의 우정을 쌓으며 행복하게 살게 되었답니다.

#안경 #거미 #전화기 #풍선

풍선을 좋아하는 거미

한 날, 소녀가 안경을 쓰고 공원에서
책을 읽고 있을 때 전화기가 울렸어요.

친구가 "거미가 방에 들어왔어!"라고 외쳤죠.

소녀는 친구의 집으로 달려가 거미를 보았고,
"풍선으로 유인해보자!"고 제안했어요.
두 친구는 풍선으로 거미를 유인해 공원으로 데려갔고,
안전한 곳으로 돌려보냈답니다.
그날의 모험은 두 사람의 특별한 기억이 되었어요!

#가방 #핫도그 #지구 #고양이

지구야, 고마워!

한 소년이 고양이와 함께 공원에서 핫도그를
먹고 있었어요. 그의 가방에는 쓰레기 봉투가
들어 있었죠. 쓰레기를 치우는 사람들을 보고
"지구를 위해 뭔가 해야 해!"라고 결심했어요.

소년은 핫도그를 나누고, 가방에서 봉투를 꺼내
고양이와 함께 쓰레기를 주워 공원을 깨끗하게
만들었어요. 그 모습은 주변 사람들에게 감동을
주었고, 이후 소년과 고양이는 공원에서 더 많은
친구들과 함께 지구를 사랑하는 마음을 나누며
행복하게 지냈답니다.

01 ✦ 작업을 위해 슬라이드를 준비해요!

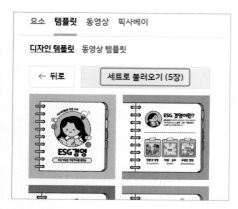

1 필요한 템플릿을 검색한 후 세트로 불러오기

템플릿 #지속가능경영

2 [슬라이드5] 삭제하기

3 [슬라이드1]에서 불필요한 요소 삭제 후 노트 모양 고정하기

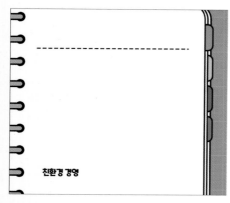

4 [슬라이드2]에서 불필요한 요소 삭제 후 노트 모양 고정하기(Ctrl + 2)

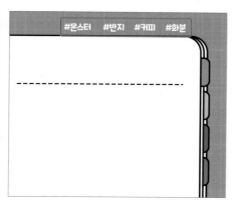

5 글자를 수정해 키워드를 입력하기

6 우측 상단에 키워드 배치하기

Tip 키워드 입력

이야기를 만들 때 필요한 키워드를 [DAY 20] 폴더에서 골라보세요.

02 ✦ 챗GPT로 인공지능과 함께 이야기를 만들어요!

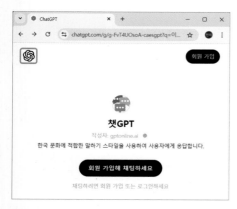

1 크롬 브라우저를 열어 챗GPT 사이트에 접속하기

Tip 첫 화면이 달라요!

아래와 같이 표시된다면 <Try Chat GPT>를 클릭해 시작해 보세요.

2 정해놓은 키워드로 이야기를 만들 수 있도록 내용 입력하기

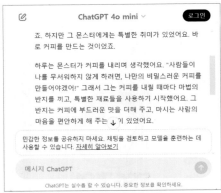

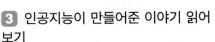

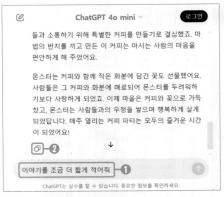

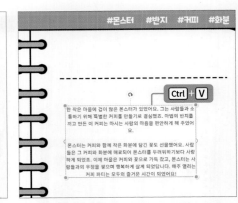

3 인공지능이 만들어준 이야기 읽어 보기

4 이야기를 간추린 후 내용 복사하기

5 복사된 내용을 망고보드 [슬라이드 2]에 붙이기([Ctrl]+[V])

03 ✦ 인공지능으로 만든 이야기를 편집해요!

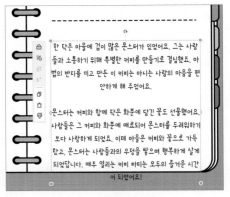

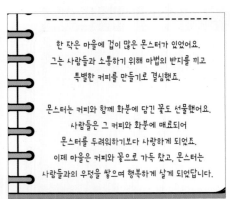

1 폰트 스타일을 자유롭게 변경하기

2 어색한 부분을 찾아 내용을 편집하고 위치 조절하기

Tip **챗GPT 알아보기**

챗GPT는 대화형 인공지능을 체험할 수 있는 대표적인 도구 중 하나입니다. 인공지능 챗봇과 대화를 할 때는 간결한 문장으로 질문하는 것이 좋아요.

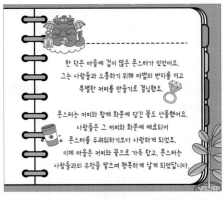

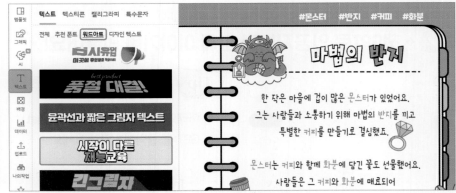

3 [DAY 20] 폴더에서 키워드와 동일한 이미지 불러와 배치하기

4 [T]-[워드아트]에서 원하는 스타일로 제목을 입력하기

5 폰트 스타일을 자유롭게 수정하기

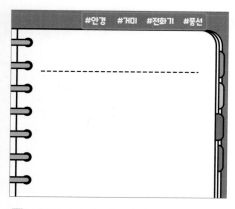

6 원하는 키워드를 넣어 [슬라이드3] 편집하기

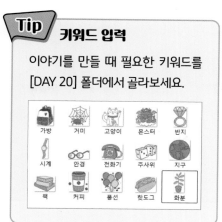

Tip **키워드 입력**

이야기를 만들 때 필요한 키워드를 [DAY 20] 폴더에서 골라보세요.

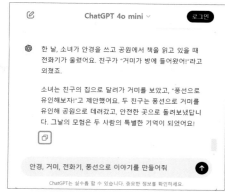

7 챗GPT를 활용해 이야기 만들고 복사하기

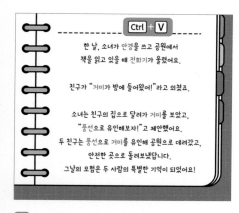

8 복사된 내용을 [슬라이드3]에 붙여 넣고 폰트 스타일 변경하기

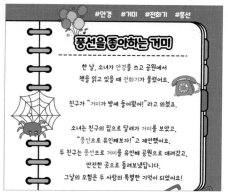

9 [워드아트]로 제목을 입력하고 이미지 배치하기

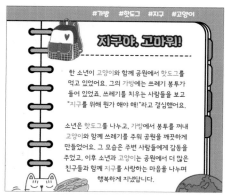

10 자유롭게 [슬라이드4]를 완성하기

○4 ✦ 인공지능으로 그림을 생성해 표지를 완성해요!

1 기능으로 표지에 필요한 이미지 생성하기

2 이미지를 적용해 형태로 표지 편집하기

Tip **아이콘으로 꾸미기**

책에서는 무료 아이콘을 활용해 표지를 꾸며보았어요. '효과'를 검색해보면 다양한 꾸밈 요소를 찾을 수 있답니다!

PART 03

내 맘대로
굿즈만들기

DAY 21 미니배너로 마음을 전해요!

◎ 망고보드에서 제공하는 인쇄 템플릿을 활용해 세로배너 만들기

· **실습 및 완성파일** [DAY 21] 폴더

1 미니배너 템플릿 확인하기

2 색상 옵션을 선택해 그림과 같은 배너 템플릿 찾기

3 템플릿의 원본 크기대로 불러오기

Tip **사이즈 확인하기**

슬라이드의 사이즈(비율)가 미니 배너 템플릿에 맞추어 변경된 것을 확인할 수 있어요.

425 x 850 px

4 텍스트, 그림 등 템플릿에 들어간 내용을 자유롭게 편집하기

Tip **AI 그림 활용**

인공지능 기능을 활용해 필요한 그림을 자유롭게 생성해 보세요!

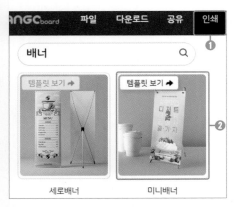

5 [인쇄] 탭에서 미니배너 클릭하기

6 인쇄 사양, 주의사항 등의 정보 확인 후 <다음 단계> 클릭하기

7 완성된 인쇄물 목업을 확인하기

Tip **목업이란 무엇일까요?**

목업(mock-up)을 우리나라 단어로 바꿔본다면 '실물 모형' 정도로 이해할 수 있어요. 실제 제품을 출시(인쇄)하기 전 디자인 검토를 위해 실물과 비슷하게 만든 결과물이에요.

DAY

22 하나뿐인 종이컵을 디자인해요!

◎ 망고보드에서 제공하는 인쇄 템플릿을 활용해 종이컵 만들기

· **실습 및 완성파일** [DAY 22] 폴더

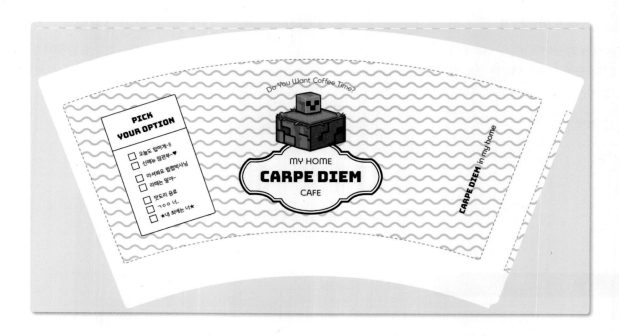

1 종이컵 템플릿 확인하기

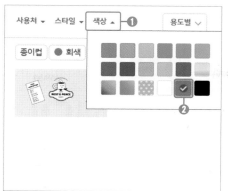

2 색상 옵션을 선택해 그림과 같은 배너 템플릿 찾기

3 부채꼴 모양의 템플릿 확인하기

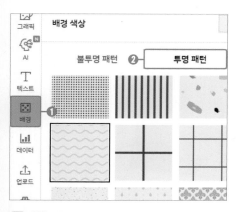

4 📦 에서 원하는 패턴을 선택하기

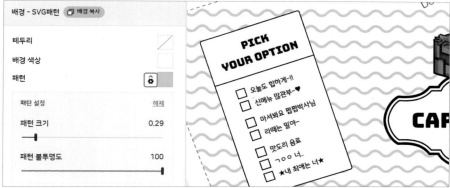

5 배경이 적용된 슬라이드를 선택해 패턴의 옵션 변경하기

6 텍스트, 그림 등 템플릿에 들어간 내용을 자유롭게 편집하기

Tip **이미지는 이렇게 추가할 수 있어요!**

① 망고보드의 인공지능을 활용해 원하는 이미지를 생성할 수 있습니다.

② 망고보드에서 아이콘이나 캐릭터 요소를 추가할 수 있습니다.

③ 인터넷에 접속하여 좋아하는 캐릭터 등의 이미지를 불러올 수 있습니다.

7 [인쇄] 탭에서 종이컵 클릭하기

8 인쇄 사양, 주의사항 등의 정보 확인 후 <다음 단계> 클릭하기

9 완성된 인쇄물 목업을 확인하기

23 연하장으로 새해 인사를 해요!

◎ 망고보드에서 제공하는 인쇄 템플릿을 활용해 연하장 만들기

· **실습 및 완성파일** [DAY 23] 폴더

1 초대장, 청첩장 템플릿 확인하기

2 그림과 동일한 생일 카드 템플릿을 선택하기

3 <세트로 불러오기> 클릭하기

4 각 슬라이드의 캐릭터, 텍스트 요소를 모두 삭제 후 메인 색상 변경하기

Tip 같은 색상 모두 변경

'같은 색상 모두 변경'에 체크한 후 원하는 색을 선택하면 메인 색상을 한번에 바꿀 수 있어요.

여름 바다

☑ 같은 색상 모두 변경 ▶ ☐ 색상 없음

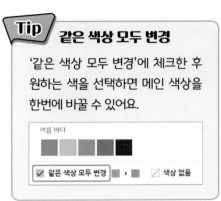

5 캐릭터를 적당한 크기로 배치하기

`요소(캐릭터)` `#또기`

6 ⊤-[캘리그라피]를 이용해 내용 입력 후 아이콘 추가하기

`요소(아이콘)` `#복 #윷 #꾸미기`

7 [인쇄] 탭에서 초대장, 청첩장 클릭하기

8 두 슬라이드 모두 <다음 단계>를 클릭해 목업을 확인하기

DAY 24 다양한 모양의 판스티커를 만들어요!

◎ 망고보드에서 제공하는 인쇄 템플릿을 활용해 스티커 만들기

· 실습 및 완성파일 [DAY 24] 폴더

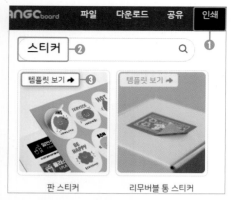

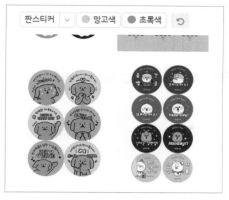

Tip **자유롭게 선택해요!**

스티커 템플릿에서 원하는 형태를 찾아보세요. 책에서는 '망고색'과 '초록색'을 선택해 표시된 강아지 캐릭터 템플릿을 이용할 거예요.

1 판 스티커 템플릿 확인하기

2 원하는 스티커 템플릿을 찾아 선택하기

Tip **스티커 이미지**

인공지능으로 그림을 생성하거나, 인터넷을 이용해 원하는 그림을 불러와 스티커를 완성할 수 있어요. [DAY 24] 폴더에 교재와 동일한 이미지가 있습니다.

3 템플릿의 원본 크기대로 불러오기

4 이미지에 어울리는 텍스트를 입력하고 아이콘 추가하기

요소(아이콘) #꾸미기

Tip **작업 시 유의해요!**

아래 그림처럼 레이아웃이 맞지 않으면 스티커가 잘리게 됩니다. 특히 대부분의 개체는 점선과 진한 자주색 선 사이에 배치하는 것이 안전해요. 지금부터 다양한 모양의 스티커를 만들어 보세요!

5 [인쇄] 탭에서 판 스티커 선택 후 똑같은 크기와 모양 지정하기

왜 망고보드를 써야하나요?

하나, 업무, 홍보, 교육, 동영상 템플릿 모두 OK! 고퀄리티 프리미엄 디자인

둘, 저작권 걱정 없는 소스들!

캐릭터, 사진

AI가 만든 사진

배경음악, 효과음

1,000개 이상의 폰트

셋, 불가능한 것을 가능하게 만들어주는 AI 기능!

Photo Editor

AI 자동 배경제거,
AI 개체 지우개

사물·글자·잡티, 원하는 곳 골라
서 지우고 일반 사진, 로고 사진
모두 클릭 한 번으로 배경 제거

Photo Editor

AI 자동 화질 개선

저해상도 사진을 개선하고
깨짐 없이 사진 확대 및
흑백 사진 컬러로 복원하기

Photo Generate

AI 이미지 생성

텍스트만 적어서 이미지 만들기.
디지털 드로잉, 인물 사진, 풍경 사
진, 음식 사진 직접 만들기!

Animation Editor

AI 성우 TTS

대사만 입력하면 인공지능 성우가
읽어주는 서비스. 한국어·영어·
일본어·중국어·대만어·스페인어
지원 중

레퍼런스

귀여움이 내 컨텐츠를 살린다!

카드뉴스·인스타툰·만화 포스터
망고툰으로 누구나!

Q. 망고보드와 망고툰은 무엇이 다른가요?

A. 망고보드는 상세페이지, PPT, 인포그래픽, 카드뉴스, 동영상 등을 만드는 디자인 템플릿 서비스이고 **망고툰은** 만화를 집중적으로 **만들 수 있는 서비스예요!**

Q. 망고툰에서는 무엇을 할 수 있나요?

A. 다양한 직업 및 동물 캐릭터와 고퀄리티 배경, 템플릿을 제공해요. 나만의 캐릭터 소스가 있다면 소품, 배경, 효과 등과 어우러지게 사용할 수 있어요! 애니메이션 제작 서비스로 **누구나 짧고 재미있는 만화 영상을 만들 수 있어요!**

망고TOON

m·e·m·o